Coleção Dramaturgia

MATÉI
VISNIEC

Biblioteca teatral

Impresso no Brasil, julho de 2012

Título original: *La Machine Tchekhov*
Copyright © Lansman Editeur

Os direitos desta edição pertencem a
É Realizações Editora, Livraria e Distribuidora Ltda.
Caixa Postal: 45321 · 04010 970 · São Paulo SP
Telefax: (5511) 5572 5363
e@erealizacoes.com.br · www.erealizacoes.com.br

Editor
Edson Manoel de Oliveira Filho

Gerente editorial
Gabriela Trevisan

Preparação de texto
Marcio Honorio de Godoy

Revisão
Danielle Mendes Sales e Liliana Cruz

Capa e projeto gráfico
Mauricio Nisi Gonçalves / Estúdio É

Pré-impressão e impressão
Gráfica Vida & Consciência

Reservados todos os direitos desta obra. Proibida toda e qualquer reprodução desta edição por qualquer meio ou forma, seja ela eletrônica ou mecânica, fotocópia, gravação ou qualquer outro meio de reprodução, sem permissão expressa do editor.

A Máquina
Tchékhov

MATÉI Visniec

TRADUÇÃO: ROBERTO MALLET

SUMÁRIO

As Personagens | 7

A MÁQUINA TCHÉKHOV | 9

Duas Cenas de Reserva | 85

Nota do Autor | 103

Bibliografia e Explicação | 105

Algumas Informações sobre as Personagens | 107

AS PERSONAGENS

TCHÉKHOV

O ANDARILHO

LOPAKHIN

ANFISSA, *a velha criada*

FIRS, *o velho servo*

ARKADINA

TREPLEV

TUZENBACH

SOLIONI

OLGA, MACHA, IRINA, *as três irmãs*

TCHEBUTIKIN, ASTROV, LVOV, *três médicos*

ANA PETROVNA (SARA)

BOBIK

Papéis intercambiáveis.
Número mínimo de atores: quatro homens, três mulheres.

Nas duas cenas suplementares:

TIO VÂNIA

RANIEVSKAIA

GRICHA, *o menino*

Esta peça, escrita em La Chartreuse de Villeneuve-lez-Avignon, em outubro de 2000, foi beneficiada com o apoio à criação cedido pelo Ministério Francês da Cultura em 2001.

Estreia na França: montagem na France Culture em outubro de 2001, com os atores da Comédie-Française. Realização: Catherine Lemire.

Primeira montagem em língua francesa em um teatro profissional: novembro de 2002, pela Companhia Les Oiseaux de Passage (Die – Drôme), em coprodução com o Théâtre Eugène Ionesco (Chisinau – República da Moldávia). Encenação: Petru Vutcarau.

Primeira montagem em língua romena: Teatro Nacional de Bucareste, dezembro de 2003. Encenação: Cristian Ioan.

Um quarto na penumbra. O mobiliário pode evocar o quarto de dormir de Tchékhov em Ialta: uma cama de ferro, uma mesa e uma cadeira de madeira, uma poltrona de couro e outra de palha, um velho aparador, um tapete ao pé da cama... Uma porta com a metade envidraçada coberta por cortinas tão longas que tocam o assoalho. Um abajur sobre a mesa. Tchékhov sobressalta-se na cama e senta-se. Subitamente, ouve-se um ruído.

TCHÉKHOV: É você, Anfissa?

(*Um tempo. Tchékhov permanece imóvel. O rosto do andarilho surge emoldurado por um dos quadrados da porta envidraçada. A imagem de um espectro. Bate levemente na vidraça. Tchékhov acende a lâmpada do abajur, desce da cama, enfia o robe e vai abrir a porta envidraçada.*)

O ANDARILHO: Boa noite... Desculpe-me pelo incômodo... Acho que estou completamente perdido. Procuro a gare Nicolas. Poderia fazer a gentileza de indicar-me se a gare é para lá... Está uma noite muito bonita... Mas preciso de qualquer jeito encontrar a gare. Disseram-me que ainda está longe, que a gare

Nicolas está a dezessete quilômetros...[1] Dezessete quilômetros a pé, já vê... Mas talvez estejam todos enganados... Como poderia estar a gare Nicolas a dezessete quilômetros?

(*O andarilho desaparece sem esperar uma resposta ao mesmo tempo em que Anfissa aparece atrás de Tchékhov. Com um lampião a óleo na mão, a velha criada tem, também ela, algo de espectro, ao menos inicialmente. Depois de vê-la, Tchékhov começa a tossir.*)

ANFISSA: Quantas vezes já disse, Anton Pavlovitch, para não sair da cama? Ou está querendo nos deixar? Você recebe visitas demais. Sempre há alguém aqui. Até estrangeiros. Todo mundo bate à sua porta, a qualquer hora do dia e da noite. Não é normal, isso, para um homem doente. Veja, está tossindo de novo. Tossiu e cuspiu sangue a noite inteira. Isso não vai bem. Não deve sair da cama quem tosse a noite inteira e cospe sangue o tempo todo. Quanto sangue ainda vai cuspir? Como é que ainda tem sangue?

(*Tchékhov, surdo às palavras de Anfissa, lava o rosto em uma bacia de porcelana. Anfissa estende-lhe uma toalha.*)

Cuspiu mais sangue do que o que tem nas veias. E sou eu quem lava a roupa. Sou eu quem lava o lençol e tudo o mais. Não sabe como o sangue é difícil de sair... A coisa mais difícil de lavar é sangue... Até gordura sai melhor que sangue... E tossiu tanto porque saiu da cama. Isso não vai bem. Basta eu dormir um

---

[1] No original, verstas, em vez de quilômetros. Versta é uma antiga medida russa para calcular distâncias. Uma versta equivale a aproximadamente 1,0668 quilômetros. (N. T.)

pouquinho e começa a escrever cartas. (*Pega uma página manchada de vermelho.*) Para que servem todas essas cartas? Já recebe cartas demais. Mas responder a todas essas cartas, é loucura. Ontem vomitou sangue na carta que estava escrevendo. E hoje quer copiá-la... (*Dá-lhe a carta.*) Tome, está bem seca, mas não se distingue mais uma só palavra... Não é bom o que está fazendo, Anton Pavlovitch. Não está certo zombar de uma velha de oitenta anos. Não posso passar o tempo todo acordada. Preciso dormir de vez em quando. E você, quando eu durmo, começa a rabiscar ou então desaparece vestido só com o roupão.

(*Com um gesto gentil, Tchékhov pede a Anfissa que lhe passe o casaco, que veste, sempre com sua ajuda.*)

Não é gentil, isso, Anton Pavlovitch. Tem ainda alguns dias para viver e sai da cama logo que eu durmo. Veja, Anton Pavlovitch, eu, se estivesse doente, não deixaria que cuidasse de mim... Que tipo de médico é você, Anton Pavlovitch? Como é possível ser médico e ao mesmo tempo cuspir tanto sangue? Onde aprendeu isso, na universidade?

(*Com outro gesto, gentil mas firme, Tchékhov pede a Anfissa que lhe passe o chapéu, depois o guarda-chuva. A velha obedece mas sem deixar de fazer suas críticas.*)

Veja, não estive na escola e no entanto cheguei bela e faceira até os oitenta anos. E, se Deus quiser, morrerei um dia com uma bela morte em minha cama. Não cuspo sangue, não tusso, não incomodo ninguém... Apenas meus pés cansam um pouco mais depressa que antes. Mas no resto estou com ótima saúde, e entretanto, Deus o sabe, minha vida não tem sido fácil. Toda a vida servi aos outros... Mas você, Anton Pavlovitch, não ouve o que eu digo. Já cuidei de muitos doentes em minha vida, mas você, Anton Pavlovitch, você é um péssimo doente.

(*Tchékhov olha-se em um espelho, tosse, gargareja com um medicamento. Permanece imóvel por um instante, o líquido na boca, ao ouvir do lado de fora um grito bizarro, talvez um pássaro. Anfissa traz as botas de Tchékhov e o ajuda a calçá-las.*)

Nunca vi um doente mais teimoso. Por que sempre se levanta para escrever? O que é que ainda tem para escrever? Morrerá logo logo se continuar a escrever. Isso não vai bem... Eu lhe digo, basta. Não há mais nada para escrever. Acabou. Não tem vergonha? Já que saiu da própria casa para morrer neste país estrangeiro...

TCHÉKHOV: Anfissa, passe-me por favor a maleta.

ANFISSA (*que vai pegar a maleta*): É, deveria ter vergonha, Anton Pavlovitch, de morrer tão jovem como é. Quantos anos tem? Veja só, tem apenas 44 anos e vai morrer. Na sua idade é que um homem começa a compreender a vida... A sentir o seu gosto... E você, você já está no seu leito de morte! Uma vergonha, Anton Pavlovitch. Uma vergonha! (*Dá-lhe a maleta de médico.*) Deveria ter sido veterinário... Deveria tratar de animais, pois dos homens, pelo que se vê, não entende nada...

TCHÉKHOV: Anfissa, como diabos chegou aqui?

ANFISSA: O que dirá sua mãe, Evguênia Iakovlevna? O que dirá sua irmã, Maria? O que dirão seus irmãos? E ainda por cima é médico... Realmente não compreendo nada.

TCHÉKHOV: Anfissa, passe-me por favor a maleta.

ANFISSA: Que história! Se pelo menos...

(Ela vai novamente até o armário procurar a maleta, mas, depois de dois passos, para imóvel, confusa, desnorteada. Uma forte música militar vem de fora, talvez de uma praça da cidade. Tchékhov sai pela porta envidraçada.)

O andarilho, Lopakhin. Um caminho entre cerejeiras caídas.

O ANDARILHO: Desculpe-me pelo incômodo... Ouviu isso?

LOPAKHIN: O quê?

O ANDARILHO: Esse barulho...

LOPAKHIN: Ah, o barulho...

O ANDARILHO: O que poderia ser?

LOPAKHIN: Não sei... Também tenho ouvido, há dois dias... Várias vezes por dia... Principalmente à noite...

O ANDARILHO: Assusta-me um pouco... Veja, novamente! Ouviu, ouviu também?

LOPAKHIN: Ouvi.

O ANDARILHO: Não é humano, isso. É muito estranho, esse barulho.

LOPAKHIN: Eu já começo a me habituar com ele... Principalmente à noite... Repete-se quatro ou cinco vezes... Até mesmo depois que a noite cai... Ainda se ouve... Mas não me pergunte o que poderia ser... Talvez venha da cidade.

O ANDARILHO: Ah, não... A cidade está longe demais... E, de qualquer maneira, não vem dos lados da cidade... Esse barulho parece que vem do céu... É sua, esta propriedade?

LOPAKHIN: É. Está nas terras de Ermolai Alekseievitch Lopakhin.

O ANDARILHO: É Lopakhin, o comerciante?

LOPAKHIN: Sou. Já nos encontramos antes?

O ANDARILHO: Não... Peço perdão por tê-lo seguido, mas suas botas rangiam tanto... Que não vi nenhum mal em segui-lo... Devem ser bem novas, suas botas.

LOPAKHIN: Está procurando quem, exatamente? A quem tenho a honra?

O ANDARILHO: Sou apenas um andarilho. Na verdade, queria saber se é este o caminho que leva à gare Nicolas. Disseram-me que deveria passar por um cerejal... Disseram-me até que poderia cruzar o cerejal para encurtar caminho... Pois é, não devemos jamais confiar nos mujiques...[2] Tudo que explicam está errado... Disseram-me, veja só, que era só passar pelo cerejal que então ficaria a dois quilômetros dali... Mas quanto mais eu caminho, mais tenho a impressão de

---

[2] Mujique: camponês russo, denominação anterior à Revolução Russa de 1917. (N. T.)

que o cerejal fica mais longe... Ou talvez tenha simplesmente desaparecido... Já faz duas horas que estou caminhando... Há pouco dizia para mim mesmo: veja, é como quando alguém se perde na noite escura... E com esses barulhos... Mas felizmente ouvi o rangido das suas botas... Então tomei a liberdade de lhe falar... Então, permita-me perguntar... Para ir à gare Nicolas, é por aqui?

LOPAKHIN: É.

(*O apito de um trem ao longe.*)

O ANDARILHO: Veja! Preciso me despedir... Embora... Acho que estou, de toda forma, atrasado... É, certamente estou atrasado... Acaso tem horas?

LOPAKHIN: Não.

O ANDARILHO: É, estou atrasado, tenho certeza... É por causa do cerejal... Como procurei esse cerejal...

LOPAKHIN: Mas você está no cerejal... Só que mandei cortar todas as árvores... Fui eu, Ermolai Alekseievitch Lopakhin, que mandei cortar todas as árvores... Vamos lotear isto aqui e construir aldeias... Como a gare não é longe... Vai vender como água... Permita que eu me apresente... Ermolai Alekseievitch Lopakhin... o rei dos idiotas... Tenho também um contador, Semion Panteleievitch Epikhodov... Só que não deixo que ele contabilize nada pra mim... Antes, foi contador da antiga proprietária destas terras, Liubov Andreievna Ranievskaia... E como toda a família ficou arruinada, ele não tinha mais, é claro, nada para contabilizar... Mas com a venda do cerejal, trabalha agora para mim, eu, Ermolai Alekseievitch Lopakhin... Mas faço sozinho o trabalho de contabilidade... Mas por que estou dizendo tudo isso? Talvez porque você seja um andarilho. E como é um andarilho, está sempre de passagem... Então posso me confessar para você... Mas talvez esteja com pressa?

O ANDARILHO: Não com muita pressa...

LOPAKHIN: De qualquer maneira, sou o rei dos idiotas. Eu queria ela, a mulher, e acabo possuindo o cerejal. Entende?

O ANDARILHO: Não, mas não importa.

LOPAKHIN: Eu fico muito feliz porque está aqui de passagem... Eu não conseguiria dizer isso para mais ninguém. É, amei uma mulher e arruinei essa mulher... Tomei-lhe até o contador... Apesar de não ter necessidade nenhuma dele. De qualquer maneira eu não o deixaria tocar numa só das minhas contas... Mas para um antigo mujique (*designando-se a si mesmo*) cai bem ter um contador... Vou à cidade, Kharkov ou qualquer outra, e me gabo... "Tenho um contador"... Foi para isso que o empreguei... para poder dizer na cidade, e para os outros comerciantes, "tenho um contador"... Mesmo essas cerejeiras tombadas, não permiti que ninguém as contasse... Eu mesmo as contei. Sabe quantas são?

O ANDARILHO: Não.

LOPAKHIN: Quantas acha que são?

O ANDARILHO: Trezentas?

LOPAKHIN: Oitocentas e setenta e nove cerejeiras tombadas no total... Oitocentas e setenta e nove... Este foi o mais belo cerejal de toda a região... Até a Grande Enciclopédia Russa mencionou este cerejal... Agora, acho que vão ter que apagar uma parte da Enciclopédia... He, he, he... É por isso que eu digo que sou o rei dos idiotas... Eu talvez pudesse ter-lhe oferecido o cerejal... Eu talvez devesse ter caído de joelhos diante dela e confessado tudo... Dizer-lhe... Liubov Andreievna, amo você como um louco... E porque eu amo você como um louco, veja, comprei o seu cerejal e ele é todo seu... E não quero nada em troca... Sei que jamais poderia ter o seu amor, mas já que é assim mesmo, veja, dou--lhe de presente seu próprio cerejal... Aceite-o... A propósito, gosta de cerejas?

O ANDARILHO: Gosto...

(*Ouve-se novamente o barulho estranho.*)

Ó, recomeçou.

LOPAKHIN: É, recomeçou.

O ANDARILHO: Vem de muito longe, parece... Não pode vir da cidade... Parece mais que vem do céu... É como o barulho de uma corda rompendo...

LOPAKHIN: Talvez seja numa mina... Um carrinho pode ter caído...

O ANDARILHO: Não, não vem das entranhas da terra... Vem do céu... Escute...

(*O barulho se repete. Os dois escutam em silêncio.*)

LOPAKHIN: Por isso eu sou o rei dos idiotas... Mas como lhe oferecer o cerejal se meu pai e todos os meus ancestrais foram servos nesta propriedade? Como? Não pude fazê-lo... Então derrubei as cerejeiras... Como se derrubasse seu corpo... O corpo da bela Liubov Andreievna... Que jamais será minha... O cerejal, sim, mas ela, não... Por isso, meu caro senhor, por isso eu sou o rei dos idiotas... Queria um corpo de mulher e acabei com um cerejal... E além disso derrubei as cerejeiras... todas... oitocentas e setenta e nove... Ah, como me fez bem poder falar... Embora não me tenha aliviado... Mas estou melhor... Felizmente é um andarilho...

O ANDARILHO: Bom, vou deixá-lo agora. Ainda preciso chegar à gare Nicolas. Se o caminho é este.

LOPAKHIN: Imagino que nunca mais vai passar por aqui. Mas assim mesmo gostaria de lhe fazer uma pergunta... Não é por acaso comerciante? Tem interesse em loteamentos?

O ANDARILHO: Não, de maneira alguma... Meu ofício é passar...

LOPAKHIN: Então está muito bem. Obrigado por ter passado... A gare é para lá... Tem todo o direito... Entre as cerejeiras caídas... E para voltar, se algum dia voltar, deve tomar o caminho em sentido inverso. É óbvio mas é claro, não é? Imagino que deve ter a impressão de que sou doido. E no entanto sou um pobre idiota. O caminho é esse.

O ANDARILHO: Agradeço infinitamente. (*Tosse.*) E, entretanto, o tempo está ótimo. No ano passado, no final de outubro, já estava nevando... Vamos lá, vou lhe deixar contar suas cerejeiras...

(*O andarilho afasta-se. O barulho estranho se repete.*)

LOPAKHIN (*gritando para o andarilho*)**:** Deve ser um pássaro... Uma garça.

O ANDARILHO: Fico louco com esse barulho... E entretanto a gare não está longe...

(*Desaparece.*)

LOPAKHIN (*bruscamente inquieto*)**:** Senhor... Espere... Talvez seja uma coruja piando... Com as cerejeiras derrubadas talvez haja pássaros que não tenham mais onde pousar... Ele se foi... Nem mesmo pediu trinta copeques, como é o costume... Logo o sol vai se pôr... Será que contei direito os troncos? E essas botas malditas que rangem, rangem... Ah, eu talvez devesse ter dito para ele... Esse barulho, senhor andarilho, é o barulho das minhas botas que rangem... É o rangido das minhas botas que sobe até o céu, até o fundo da abóbada celeste, e que o céu me reenvia num eco, na forma de um grito...

(*Vai saindo também, na direção contrária.*)

Arkadina, Treplev, Tchékhov. Treplev, torso nu, uma bandagem em torno do peito, está sentado em uma cadeira. Arkadina, em pé atrás de seu filho, acaricia-o. Diante deles, em pé, Tchékhov, a maleta de médico na mão.

ARKADINA (*a seu filho*): Vamos, você sabe que Anton Pavlovitch tem a mão leve...

TREPLEV: Não.

ARKADINA: Vamos, Kostia, é ridículo...

TREPLEV: É porque eu sou um ser ridículo.

ARKADINA: Que nada, você não é ridículo.

TREPLEV: Claro que sou.

ARKADINA: Kostia, meu querido Kostia... Você é meu filho... Olhe para mim... Anton Pavlovitch está aqui... Teve a bondade de vir porque eu pedi que viesse... Vai tirar a bandagem e limpar a ferida...

TREPLEV: Não, você faz.

ARKADINA: Kostia...

TREPLEV: Quero que você o faça! Já faz dois dias que não troca o curativo... Vai infeccionar.

ARKADINA: Vai infeccionar porque você quer que infeccione. Para me torturar ainda mais.

TREPLEV: É só você que sabe trocar... Sabe muito bem. E entretanto não troca o curativo há dois dias.

ARKADINA (*para Tchékhov*)**:** Está com febre, tenho certeza. Mas não posso medir a temperatura porque escondeu o termômetro. (*A Treplev.*) Por que escondeu o termômetro, Kostia? Kostia, está me ouvindo? Anton Pavlovitch está perguntando por que escondeu o termômetro.

(*Tchékhov esboça um gesto de protesto, para sugerir que não tinha pedido nada, mas não pronuncia uma única palavra.*)

TREPLEV: Tenho sede. E já está fedendo, esta bandagem. Me dá ânsias de vômito. É porque não a troca há dois dias.

ARKADINA: Você vai me matar, Kostia. Vai me matar... (*A Tchékhov.*) Ele vai me matar... Mesmo... Quanto mais me vê desesperada, mais inventa coisas que me fazem mal. Primeiro, falha em todos os seus suicídios, e depois... me obriga cuidar dele como de uma criança... (*Ao filho.*) Kostia, por que faz assim?

TREPLEV: Quero beber água. Este fedor, é por causa da minha ferida.

ARKADINA: Vamos, deixa Anton Pavlovitch fazer seu trabalho. Ele tem tudo que é preciso para limpar a ferida... Em poucos dias estará perfeitamente curado.

Não é, Anton Pavlovitch? Eu vou mandá-lo para o exterior. Prometo.

TREPLEV: Não quero ir a lugar algum.

ARKADINA: Mas vai, vai para o exterior.

TREPLEV: Não, fico aqui.

ARKADINA: Não pode ficar aqui o resto da sua vida.

TREPLEV: Fico aqui! Fico aqui! Fico aqui! De qualquer maneira, vou morrer.

ARKADINA: Não, Kostia, você não é capaz de morrer. Vai viver para me torturar ainda mais.

TREPLEV: Vou morrer. Isto já está fedendo a morte. Deve ter algo apodrecendo.

ARKADINA: É porque você não atira nunca no lugar certo, Kostia. (*A Tchékhov.*) Sempre pega do lado. Primeiro quis dar um tiro na cabeça e só conseguiu arranhar a orelha. Depois quis enfiar uma bala no coração e só conseguiu arranhar as costelas. (*A Treplev.*) O coração é bem mais à esquerda, meu coração... Não sabia?

TCHÉKHOV: Irina Nikolaievna... Deixe-nos um pouco a sós.

ARKADINA: Está bem... Claro... Por que não? (*Dá um último beijo na testa de seu filho.*) Seja gentil com Anton Pavlovitch, está bem? Tem que cooperar com o doutor, Kostia, é sério. (*Dá um terno beijo na testa de Tchékhov.*) O primeiro dever de um doente é querer ficar são, é o que está nos livros de medicina, não é, Anton Pavlovitch?

TCHÉKHOV: É...

ARKADINA: Até logo, Anton Pavlovitch. Fica para o jantar? Não?

(*Arkadina sai sem esperar a resposta.*)

TCHÉKHOV: Konstantin Gavrilovitch...

TREPLEV: Não tenho nada a dizer.

TCHÉKHOV: Não é isso...

TREPLEV: Não tenho nada para lhe dizer. Sou um ser ridículo, mas ao menos aceito isso e desempenho o papel até o fim. De toda forma, não existe ainda remédio medicinal para o tipo de ferida que tenho. E isso porque nem mesmo sei o que é essa minha ferida. Quando se sente um vazio imenso na alma, é uma ferida? Quando não se quer nem abandonar o mundo nem aceitá-lo, mas viver como um fantasma entre dois mundos, isso vem de uma ferida? O que pode fazer, a pobre medicina, contra o vazio que impele a vagar sem descanso em torno da vida e em torno da morte, sem jamais ter a força de assumir nem uma, nem outra?

TCHÉKHOV: Calma, Konstantin Gavrilovitch. Não tenho a mínima intenção de lhe dar uma resposta.

(*Tchékhov começa a desfazer a bandagem que envolve o peito de Treplev. Ele o faz com delicadeza, com certa elegância, mesmo.*)

TREPLEV: Então por que está aqui? Não sou um doente como os outros... Falho nos suicídios porque sou um ser ridículo. Mas um belo dia deixarei de ser ridículo.

Se minha mãe pediu que viesse para me convencer a continuar sendo ridículo, quer dizer, a continuar falhando em meus suicídios, então é perda de tempo.

TCHÉKHOV (*que examina a bandagem manchada de sangue*): Não vim para pedir que continue sendo ridículo. Vim única e simplesmente visitar um colega.

TREPLEV: Um colega? O que está querendo dizer?

TCHÉKHOV (*inclina-se sobre a ferida e a cheira*): Li o seu conto na Gazeta de São Petersburgo e fiquei muito impressionado. Tem talento, Konstantin Gavrilovitch. Recebeu do céu um dom que os outros não têm: talento. Isso o coloca acima de milhões de seres humanos. (*Cheira também a bandagem.*) Esse dom tem que ser respeitado. É preciso aceitá-lo tanto como uma alegria quanto como um fardo... Graças a seu talento, sua vida já está carregada de sentido, enquanto milhões de pessoas estão ainda procurando no escuro o sentido de suas vidas...

(*Com um gesto brusco, mas não desprovido de ternura, Tchékhov arranca a bandagem.*)

TREPLEV: Ai!

TCHÉKHOV: Será que posso lhe dar um conselho, Konstantin Gavrilovitch?

TREPLEV: Foi minha mãe que lhe pediu para aconselhar-me?

TCHÉKHOV (*que abre a maleta e começa a tirar os instrumentos necessários para limpar a ferida*): Quando representar infelizes, desgraçados, por exemplo...

e quiser tocar o leitor... tente ser mais frio... Isso dá ao infortúnio alheio uma espécie de pano de fundo sobre o qual ele se destaca com mais relevo. No que escreve, os heróis choram, e você, você chora com eles. Por isso é que lhe digo, seja mais frio.

(*Treplev acende um cigarro. Tchékhov começa a limpar a ferida com um quê de carinho.*)

Se quiser ser escritor, escritor no sentido profundo da palavra, mantenha sua independência a qualquer preço. Seu dever é colocar questões, não respondê-las. Evite, em sua obra, os sermões disfarçados. Não tente transmitir uma mensagem. O escritor que quer transmitir uma mensagem a qualquer preço desfigura sua obra. Mostre a vida sem tentar provar nada. É o escritor que deve estar a serviço da personagem e não a personagem a serviço do escritor. (*Coloca uma pomada na ferida de Treplev.*) Se intervir para julgar sua personagem, a batalha está perdida. E o leitor sentirá que não é objetivo, e não o lerá mais, ou lerá com desgosto. O pior erro que um escritor pode cometer é agir como juiz, carrasco, protetor, intérprete de sua personagem. Quanto mais for visível por trás de sua personagem, mais ela desaparecerá. (*Coloca um novo curativo sobre a ferida de Treplev.*) Vai acabar empobrecendo-a, roubando sua personalidade e, por fim, matando-a. Quanto mais desaparecer por trás de sua personagem, mais ela viverá... E mais chances de viver ela terá, pois será uma personagem verdadeira e poderá sobreviver a você. Porque a literatura, Konstantin Gavrilovitch, a grande literatura, é também uma corrida contra a morte. Quanto mais conseguir criar verdadeira emoção, mais a morte se distanciará... Se quiser contar uma história, coloque-se desde o início na posição de testemunha imparcial. Assim terá todas as chances de conseguir uma narrativa comovente. E se tiver talento, e você tem talento, sua narrativa vai comover sem ser lacrimogênia, vai comover todo mundo somente por sua simplicidade e sua verdade... Pronto.

(Tchékhov terminou seu trabalho.)

TREPLEV: Obrigado, Anton Pavlovitch. Fica para o jantar?

(Tchékhov quer lavar as mãos. Treplev derrama água para ele.)

TCHÉKHOV *(lavando as mãos)*: E atenção também ao estilo. Evite a qualquer preço retocar e polir o texto. Senão vai achatá-lo. E também não se deve cansar o leitor com um estilo muito carregado. Vou lhe dar um exemplo. Quando escrevo "O homem sentou-se na grama", minha frase é fácil de compreender porque é clara e não prende a atenção. Ao contrário, a frase é difícil de compreender e muito pesada para o cérebro se escrever "Um homem alto, com o peito magro, ombros médios, barba ruiva, sentou-se na grama verde, amassada pelos passantes; sentou-se em silêncio, lançando em torno de si olhares tímidos e temerosos". Isso não penetra imediatamente no espírito. Ora, a literatura deve penetrar de imediato, em um segundo.

(Treplev dá a Tchékhov uma toalha branca.)

É por isso que lhe digo, só escreva quando estiver muito lúcido. Só devemos escrever quando nos sentimos frios como o gelo.

(Tchékhov tosse. Treplev oferece-lhe o seu cigarro. Ouve-se um barulho estranho no jardim. Os dois voltam a cabeça para a direção de onde vem o barulho.)

Nikolai Lvovitch Tuzenbach e Vassili Vassilievitch Solioni. Em seguida, o andarilho e Tchékhov. Campo. Talvez se ouçam grilos, ou então esse silêncio imperfeito que emana dos campos quando todos os ruídos rurais, confundidos, criam uma síntese musical no espírito de quem escuta. É uma música obsedante, como um sussurro musical, que só é perceptível com um grande esforço de escuta.

TUZENBACH: Vassili Vassilievitch, permita-me ainda dizer uma última coisa, antes que chegue nossa testemunha?

SOLIONI: Na verdade, Nikolai Lvovitch, prefiro jogar um carteado. Pra matar o tempo.

TUZENBACH: Você é um verdadeiro louco, Vassili Vassilievitch. Sempre foi um verdadeiro louco e sempre será um verdadeiro louco. Mesmo assim, gostaria de dizer-lhe ainda uma última coisa... antes que...

SOLIONI: Diga, Nicolai Lvovitch. Diga, se lhe faz bem. De qualquer maneira sou um verdadeiro louco, pouco se me dá.

TUZENBACH: Tudo o que eu queria dizer-lhe é...

SOLIONI: Com a condição de que mantenha sua dignidade... Prometa-me que permanecerá digno.

TUZENBACH: Não tenha medo, Vassili Vassilievitch, não tenho intenção de pedir-lhe coisa alguma. Tudo o que eu queria dizer-lhe é que... eu não odeio você, Vassili Vassilievitch.

SOLIONI: Você não me odeia...

TUZENBACH: Não, não odeio você.

SOLIONI: De qualquer maneira, Barão, para mim tanto faz.

TUZENBACH: Certo, mas faço questão que o saiba. Eu não odeio você.

SOLIONI: Aprecio sua sinceridade, Barão.

TUZENBACH: Pois é, eu queria que soubesse.

SOLIONI: Mas isso não muda nada.

TUZENBACH: Não, mas eu tinha que lhe dizer.

SOLIONI: Agora eu lhe digo, eu também, que não odeio você.

TUZENBACH: Então... Bravo!

SOLIONI: O quê?

TUZENBACH: Bravo! Eu digo bravo!

SOLIONI: Bravo... O que quer dizer com isso?

TUZENBACH: Não sei. De repente achei tudo tão divertido, que gritei bravo. Veio assim. Bravo.

SOLIONI: Pois eu, meu caro Barão, não acho isso nada divertido. Em alguns minutos talvez seja morto por minhas próprias mãos. Não acho isso muito divertido.

TUZENBACH: E entretanto, Capitão, perante a eternidade, é divertido mesmo. Tente pensar só um pouquinho... Perante o movimento infinito da inutilidade, nossos gestos, mesmo nossas palavras... É mesmo muito divertido.

SOLIONI: É melhor se calar, Nikolai Lvovitch. Esse tipo de reflexões só leva à perda da dignidade.

TUZENBACH: Não odeio você, Capitão, e ainda assim estou seguro de que tenho vontade de matá-lo. Será que pode me explicar isso, Capitão? Será que o pensamento humano poderia me explicar isso, Capitão?

SOLIONI: Não confunda o pensamento humano com o pensamento russo. O cérebro russo não pensa como os outros cérebros. Nosso cérebro está afundado no espaço quase infinito da nossa Santa Rússia. Por isso a alma russa é tão infeliz. Porque, e é este o nosso grande paradoxo, não temos ar bastante. Como os afogados que não têm mais ar suficiente, o cérebro russo, que está mergulhado no espaço infinito de sua pátria, sufoca logo que começa a pensar. Apesar da extensão de nosso país, nós, os russos, jamais temos bastante ar. Mas você, Barão Tuzenbach, é apenas metade russo. E não pode compreender isso. É muito mais fácil para mim matá-lo do que explicar-lhe o mistério e a miséria da alma russa... Faz um lindo dia hoje, Nikolai

Lvovitch... Ouve esse crocito? É estranho, não é? Faz um dia lindo e amanhã vai chover. Isto é o que eu não consigo entender na vida.

TUZENBACH: Reconheça que você também quer me matar, apesar do fato de não me odiar.

SOLIONI: Você é que é o verdadeiro louco, Nikolai Lvovitch. Eu sou apenas um oficial russo cansado mortalmente de ser russo em geral, e oficial russo em particular. Mas há uma coisa que acho muito engraçada... é que todo mundo acha que já duelamos por causa de uma mulher...

TUZENBACH: Estamos os dois presos no mesmo círculo de loucura, Capitão. Estamos irremediavelmente presos em um círculo que nos cerca de todo lado, e que se estreita, e que nos tranca, que nos tranca e nos... A única saída é a morte... Pois senão...

SOLIONI: Na verdade, não é um crocito... É mais um pio... Senão... O que poderia ser pior que a morte?

TUZENBACH: Mas... o que eu dizia... a loucura... A verdadeira... A loucura lúcida, que nos ameaça... Sabe o que é isto, a loucura lúcida? É como nesses pesadelos em que sabemos que estamos entrando em um pesadelo, tentamos despertar e não conseguimos... Isto é o sofrimento supremo... Saber que estamos... e... Tem tabaco, Capitão? Saí tão rápido para chegar na hora que esqueci meu tabaco na casa de Irina... Estou com vontade de fumar...

(*Solioni pega o tabaco. Os dois enrolam cigarros. Solioni acende os cigarros. Fumam por um tempo em silêncio.*)

SOLIONI (*que novamente escuta os ruídos vindos do campo*): Deve ser um melro.

TUZENBACH (*falando do tabaco*): Muito bom. Onde comprou?

SOLIONI: Foi meu cunhado que é comerciante... e que viaja muito pela Europa...

TUZENBACH: Não sabia que você tinha uma irmã.

SOLIONI: Tenho uma irmã... E daí?

TUZENBACH: Nada. Só disse que não sabia que...

SOLIONI: Dá o que pensar ter uma irmã, ou talvez uma mãe, ou um pai doente ou mesmo uma noiva que é órfã dos dois pais e que está sob nossa responsabilidade, ou pior ainda... um... não sei...

TUZENBACH: Calma, não quis dizer nada disso. Isso não serve para nada. De fato não serve para nada.

SOLIONI: E então? Fico terrivelmente irritado quando ouço a palavra "bravo" na sua boca.

TUZENBACH: Então, nada, eu disse que o seu tabaco é bom. Ele é mesmo muito bom. De qualquer maneira, gosto muito dele.

SOLIONI: Olha, toma o pacote todo. É um presente.

TUZENBACH: Não.

SOLIONI: Tome.

TUZENBACH: Não. Isso não é normal...

SOLIONI: Normal... Pode-se dizer que alguma coisa é normal?... Você ficaria com ele se eu morresse, não é?

TUZENBACH: Não, ainda mais se...

SOLIONI: Então eu o guardo.

(*Silêncio. Fumam. Entra o andarilho. Tem um aspecto ao mesmo tempo cansado e decidido a continuar seu caminho.*)

O ANDARILHO: Bom dia, senhores oficiais. Desculpem-me pelo incômodo. Sei que estão ocupados. Estão fumando... Têm muito o que conversar... De qualquer maneira, não pretendo parar aqui. Sei que a gare Nicolas está adiante. Então não quero pedir-lhes nada. Quero somente passar, vou por ali porque a gare Nicolas é por ali... Até logo, meus amigos, um andarilho, um "russiano esfomeado", como diz um grande escritor russo, se despede!

(*O andarilho desaparece. Novo momento de silêncio.*)

TUZENBACH: Ele já deveria ter chegado.

SOLIONI: Não, nós é que estamos adiantados.

(*Fumam em silêncio.*)

TUZENBACH: Está vendo aquele abeto, Capitão?

SOLIONI: Qual?

TUZENBACH: Aquele que se ergue acima dos outros.

SOLIONI: Sim.

TUZENBACH: É espantoso, é jovem e já é maior do que os outros. Deve ser alguma doença.

SOLIONI: Por que acha que ele deve estar doente?

TUZENBACH: Porque é muito jovem para ser tão alto.

SOLIONI: E daí?

TUZENBACH: Daí que a primeira tempestade do inverno vai parti-lo. Sobe acima dos outros às custas da sua fragilidade. Será a primeira vítima do seu furor de viver... Mas veja, Anton Pavlovitch está chegando.

(*Surge Tchékhov, carregando sua maleta.*)

TCHÉKHOV: Lamento, Barão, lamento, Capitão... Estou atrasado, eu sei. Tive que cuidar de um doente. Todo mundo fica doente nesta época. De manhã, levanto-me e os mujiques já estão me esperando na frente de casa... É insuportável. Por isso estou sempre atrasado.

TUZENBACH: Não há problema, Anton Pavlovitch. Tivemos tempo de conversar um pouco, de nos conhecermos melhor. Não é, Vassili Vassilievitch?

SOLIONI: É, discutimos com toda franqueza...

TCHÉKHOV: Bom, estou um pouco embaraçado pois...

SOLIONI: Vamos, Nicolai Lvovitch... Está vendo muito bem que Anton Pavlovitch está apressado...

(*Tchékhov abre a maleta, da qual os protagonistas do duelo retiram, cada um, uma pistola.*)

TCHÉKHOV: Quando quiserem, senhores.

(*Os dois oficiais posicionam-se um diante do outro.*)

Queira atirar, Vassili Vassilievitch, o senhor é o primeiro.

SOLIONI: Isso me irrita terrivelmente, esse piado... O que acha, Anton Pavlovitch, é um melro ou um rouxinol?

TUZENBACH (*furioso*)**:** Atire, por favor... Atire, Vassili Vassilievitch...

(*Disparo de uma arma de fogo. Escuro.*)

Tchékhov, Firs. Escuro. Tchékhov acende uma lâmpada. Firs está sentado em uma poltrona de couro. Tem o aspecto de quem dormia e sobressaltou-se com a luz.

FIRS: Quem é?

TCHÉKHOV: Sou eu...

FIRS: Ah, é você... Está de volta, Anton Pavlovitch?

TCHÉKHOV: Eu nunca parti, Firs.

FIRS: Ah, você nunca partiu... É muito gentil em me visitar. Vê o que fizeram comigo?

TCHÉKHOV (*pega o pacote de tabaco que na cena anterior estava nas mãos de Solioni*): Tome, trouxe-lhe um pouco de tabaco.

FIRS: Como é que você faz, Anton Pavlovitch, para retornar sempre depois que todo mundo foi embora sem que ninguém o veja?

TCHÉKHOV: Temos que arejar um pouco esta peça...

FIRS: Viu como eles me esqueceram?

TCHÉKHOV: Sim.

FIRS: Isso me fez dar boas gargalhadas. Ia partir com eles, estava tudo pronto, tinha posto a bagagem toda na carruagem e no último momento... Hop! Partiram sem mim... Agora mesmo, eles devem estar a uns trinta quilômetros daqui, e ainda nem se deram conta de que não estou com eles... Não acha isso muito engraçado?

TCHÉKHOV: Acho...

FIRS: Porém nós tínhamos feito um acordo... Muito claro... Eu deveria ir com a senhora Ranievskaia e com Gaiev e com todo mundo para a cidade... Porém eles me esqueceram... E não é porque não tivesse lugar na carruagem... Não. Quem sabe você cruzou com eles?

TCHÉKHOV: Não, Firs, não cruzei com eles. Cruzei apenas com um andarilho que queria saber onde fica a gare.

FIRS: Mas a culpa é minha. Em vez de dizer "estou aqui, não me esqueçam", cochilei. Tudo culpa minha. É que já estou com uma certa idade. Faz mais de cinquenta anos que estou a serviço da família...

TCHÉKHOV: Firs, falta ar aqui. Não consigo respirar neste quarto.

FIRS: Certo, Anton Pavlovitch. É pra já.

(*Abre as venezianas de uma janela. Do outro lado surge, como saído de uma caixa mágica, um grupo de personagens imóveis, dir-se-ia estátuas de cera. São as personagens da última cena de* O Jardim das Cerejeiras, *antes de sua partida: a senhora Ranievskaia, Gaiev,*

Lopakhin, Iacha, Vânia, etc. Suas faces estão coladas às vidraças, têm o olhar mergulhado no vazio.)

TCHÉKHOV: Tome, trouxe chá também.

FIRS: Então vou acender o samovar.[3] Como estou feliz em revê-lo, Anton Pavlovitch. Então, vai ficar, como sempre, até a primavera?

TCHÉKHOV: Não sei.

FIRS: É bom, Anton Pavlovitch. É bom. Aqui ninguém vai importuná-lo... Ninguém... De qualquer maneira, ninguém nunca vem aqui no inverno. Teremos tempo de...

TCHÉKHOV: Tempo de fazer o quê, Firs?

(*Firs coloca o samovar sobre uma mesa com rodinhas.*)

FIRS: De ser totalmente dono de seu tempo, é o que eu quis dizer... Tempo de não fazer nada, nada além de ter o seu tempo... e de...

TCHÉKHOV: Estou com frio. Vou buscar lenha. Temos que acender o fogo.

FIRS: Fique aqui, Anton Pavlovitch. Eu cuido disso. Não estou tão desmilinguido assim... Só tenho 87 anos... Ainda posso carregar lenha... Precisarei de várias idas e vindas, só isso. Mas antes acho que vou fechar a janela... (*Fecha as venezianas e assim faz desaparecer o grupo das personagens imóveis.*) Como

---

[3] Samovar: utensílio russo semelhante a uma chaleira. Em sua parte inferior colocam-se brasas para ferver a água. (N. T.)

está sempre sentindo frio... Foi finalmente consultar um médico, Anton Pavlovitch?

TCHÉKHOV: Fui.

FIRS: E o que foi que ele disse?

TCHÉKHOV: Receitou-me um tratamento com leite de jumenta.

FIRS (*traz um pedaço de lenha*): É, é bom... O que ele disse para fazer?

TCHÉKHOV (*senta-se na poltrona de couro*): Mandou-me beber leite de jumenta.

FIRS: Considerando a situação... Por que não?

(*Firs traz um segundo pedaço de lenha.*)

TCHÉKHOV: Tem açúcar, Firs?

FIRS: No armário, ali... (*Dirige-se até o aparador mas detém-se no meio do caminho, confuso.*) Sabe em que estava pensando, antes da sua chegada? Aqui, no escuro, antes da sua chegada, sabe em que estava pensando?

TCHÉKHOV: Em quê?

FIRS: Eu me perguntava, Anton Pavlovitch, por que somos todos tão infelizes...

TCHÉKHOV: Quem?

FIRS: Todos nós, os homens...

TCHÉKHOV: E há uma resposta?

FIRS: Há.

TCHÉKHOV: Então... Por quê?

FIRS: Por causa do fim dos tempos...

(*Firs, que vai agora buscar o açúcar, abre o armário. O armário funciona como uma caixa mágica, em cujo interior vemos Tuzenbach e Solioni, revólveres nas mãos, as camisas manchadas de sangue. Também eles estão vazios de qualquer expressão, imóveis como estátuas de cera. Solioni segura na mão a lata de açúcar. Firs pega a lata, fecha as portas do armário e retorna para junto de Tchékhov e do samovar.*)

Cada vez que alcançamos um número redondo, é um pedaço do tempo que se vai... Veja, é assim que se passa... O tempo acaba mas o homem, ele nunca realiza nada. Quer dizer, o homem, ele fabrica sonhos, ele sonha, sonha e depois é engolido pelos seus sonhos... É isso... Para que serve, então, sonhar... No fim é mesmo cômico... Eu não passo de um simples criado, mas não posso deixar de observar o que acontece...

TCHÉKHOV: Você é um verdadeiro filósofo, Firs.

FIRS: Não mesmo, Anton Pavlovitch... Longe disso... Mas veja como todo mundo é infeliz... Os mujiques são infelizes, os senhores são infelizes... Mujique ou senhor, o homem é feito assim, ele sonha. Mais, ele acredita que seus sonhos podem tornar-se realidade. E ele busca os meios de tornar seus sonhos realidade. E isso por fim enche-lhe de medo, pois os sonhos são como as tartarugas... Movem-se muito lentamente e têm um casco muito duro... E nada passa por esse casco... Ou melhor, para que alguma coisa passe, é preciso muito esforço. E o que é chato, no trabalho, é que ele impede você de sonhar. Então o homem, que é como um samovar borbulhando sonhos, fica infeliz... e nervoso... e estraga tudo. É por isso que os verdadeiros sábios nem tentam fazer os seus sonhos tornarem-se realidade, pois eles já sabem que isso não pode ser feito. Então, Anton Pavlovitch, como você escreve histórias, eu lhe pergunto, quem deveria fazer esse trabalho em vez do homem? Isso, Anton Pavlovitch, é o que eu queria saber...

TCHÉKHOV: Não sei, Firs.

(*Firs preparou o chá. Os dois bebem.*)

FIRS: Então por que você estudou medicina?

TCHÉKHOV: Sabe, Firs, há em mim dois homens, ou melhor, dois seres. Um é o médico, o outro, o doente... Talvez tenha sido por isso que fiz o curso de medicina... Ou, senão, eu não sei... Queria, talvez, como todos os jovens cultos da minha geração, ser útil, viver junto do povo, ajudar os infelizes... Ajudar esse povo russo atrasado, doente de sua ignorância... Mas sempre houve em mim o doente... que me atrapalhou... Criança ainda, já era doente. Depois, um dia comecei a cuspir sangue. E assim o médico e o doente foram quase que obrigados a se entender... a partilhar o mesmo corpo, o mesmo coração, o mesmo tempo... Eu sempre os percebi em mim, esses dois... Espreitaram-se durante toda a minha vida, socaram-se durante toda a minha vida... E a desconfiança entre os dois nunca desapareceu... Nunca, nunca o doente que viveu em mim pôs toda a sua confiança no médico. E, entretanto, fui um bom médico... Tinha, como se diz, o olho clínico...

Lembra daquele eczema do Potapenko? Fui eu que prescrevi o medicamento que o curou, depois de ter sido martirizado por uma horda de especialistas... A senhorita Knipper, que sofria de peritonite, fui eu que lhe prescrevi a dieta... Mas, para as minhas dores, raramente soube administrar o remédio correto. Ou talvez minhas dores fossem de um outro gênero? Nada impediu que os mais ordinários bacilos acabassem por me ter... Não, nunca foram bons companheiros, esses dois seres que hospedei por quase toda a vida, o médico e o doente. Tudo que pude fazer pelos outros, não pude fazê-lo por mim. Quantos anos tem, Firs?

FIRS: Oitenta e sete.

TCHÉKHOV: Oitenta e sete. Olha só, tem exatamente o dobro da minha idade, Firs. E eu, eu vou morrer daqui a alguns meses, enquanto você, Firs, viverá ainda dois longos anos.

FIRS: Como sabe, Anton Pavlovitch?

TCHÉKHOV: Tenho o dom de predizer a duração das vidas... Veja minha mãe... Vai viver quase tanto quanto você, chegará aos 85 anos, tenho certeza. E minha irmã viverá ainda mais que minha mãe, foi feita para chegar pelo menos aos 95. É assim...

(*Firs, que adormeceu, ronca docemente. Neva.*)

Ana Petrovna (Sara), Tchékhov. Abre-se a porta. Luz forte, lá fora parece haver um incêndio. Ana Petrovna aparece à soleira da porta, um pacote numa mão, um lençol branco na outra. Aparição bastante lúgubre, como uma fada macabra.

ANA PETROVNA: Está me reconhecendo, Anton Pavlovitch?

TCHÉKHOV (*como um menino que tivesse fugido*): Sim, Ana Petrovna, reconheço você...

ANA PETROVNA: Tire a roupa, Anton Pavlovitch.

TCHÉKHOV: Está bem, Ana Petrovna.

(*Tchékhov o faz com gestos febris. A mulher examina a camisa de Tchékhov.*)

ANA PETROVNA: De onde vem esse sangue?

TCHÉKHOV: Estive cuidando de um doente...

ANA PETROVNA: Volte imediatamente para a cama, Anton Pavlovitch.

(*Tremendo com arrepios de frio, Tchékhov deita na cama de ferro.*)

Trouxe um presentinho, Anton Pavlovitch. (*Dá-lhe o pacote.*) Tem forças para abrir?

TCHÉKHOV: É muita gentileza, Sara, ter lembrado de mim... Mas não preciso de nada.

ANA PETROVNA: Anton Pavlovitch, mesmo assim não pode recusar meu presente...

TCHÉKHOV: O que é essa luz, lá fora? Um incêndio?

ANA PETROVNA: Você sempre foi muito carinhoso com as mulheres... Um presente é um presente, Anton Pavlovitch...

TCHÉKHOV: Dizem que toda a rua Kirsanov está em chamas. É verdade?

ANA PETROVNA: Por favor, aceite. E, além disso, é um presente útil.

TCHÉKHOV: Muito bem, Sara, abra o pacote para mim. (*Ela abre o pacote e tira uma escarradeira.*) Uma escarradeira? Obrigado, Sara. Você realmente pensa em tudo...

ANA PETROVNA: Toda feita de porcelana... Com imagens do Mar Negro... Quer experimentar?

TCHÉKHOV: Mais tarde, Sara. Coloque embaixo dessa cadeira. Até logo, Sara.

ANA PETROVNA: Não, Anton Pavlovitch. Não tenho a intenção de deixá-lo tão logo. Vim para ensiná-lo a morrer.

TCHÉKHOV: Mais uma vez, obrigado, Sara. Estou comovido por ter pensado em mim... Obrigado por ter vindo... Mas acho que posso me virar sozinho.

ANA PETROVNA: Não, Anton Pavlovitch, tenho que ajudar um pouco. (*A mulher fecha a porta. A peça é banhada por uma luz fria.*) Eu também morri de tuberculose. Ou já esqueceu?

TCHÉKHOV: Não, Sara, nunca esqueço nada.

ANA PETROVNA: Veja como está febril... É a fase final. Já passei por isso, Anton Pavlovitch. A cada dia que passa você fica mais e mais fraco e febril. Não consegue nem mesmo deitar, fica sufocado. Tem que dormir numa poltrona e só Deus sabe como é duro dormir numa poltrona. Realmente é muito cruel o destino dos tísicos, meu caro Anton Pavlovitch. Ao deitar, você vai sufocando e sente que seu fim está cada vez mais perto. Sentado numa poltrona, a respiração melhora e começa novamente a espera, mas vem o cansaço e se é consumido como uma vela.

TCHÉKHOV: Sei disso tudo, Ana Petrovna. Eu ainda sou médico.

ANA PETROVNA: Não é mais, Anton Pavlovitch. O doente que vivia em você matou o médico. Tem uma tuberculose pulmonar crônica, que é uma doença incurável. Sabe disso, não é, Anton Pavlovitch?

TCHÉKHOV: Sim, eu sei.

ANA PETROVNA: Sim, eu sei que você sabe, não foram poucos os tísicos que viu. Eu mesma morri assim... Com um calor esmagador... esmagador... É impressionante como o calor fica esmagador quando não se consegue respirar... As crises ficam cada vez mais violentas. Para ajudar o doente, os médicos usam injeções de morfina e inalações de oxigênio... A morfina é boa, ela, a morfina, não é? Já deu morfina para seus doentes, Anton Pavlovitch?

TCHÉKHOV (*estoura de rir*)**:** Um dia, em Taganrog, minha mãe mandou que eu fosse ao mercado comprar um pato. E o Michel foi comigo...

ANA PETROVNA: Perguntei se já deu morfina aos seus doentes, Anton Pavlovitch. Você escutou? Gostaria de saber o que pensa da morfina. A morfina é um assunto delicado em várias escolas. E você, o que você pensa dela, Anton Tchékhov?

TCHÉKHOV: Compramos o pato. E na volta, durante todo o caminho, Michel atormentou o bicho, remexendo nele e apertando-o para que gritasse. "É pra todo mundo saber que vamos ter pato no jantar", dizia Michel... É engraçado, não é? (*Ri novamente.*) Outro dia, na mercearia do meu pai, um rato tinha se escondido num tonel de azeite. Diga-se de passagem que todos os produtos da mercearia eram de péssima qualidade. E o rato não ia melhorar as coisas... Mas meu pai, Paulo Egorovitch, não quis sacrificar o tonel. Era muito avarento para sacrificar o produto. Mas como também era muito crente, mandou vir um padre e pediu-lhe que lesse, sobre a barrica profanada, orações purificadoras... E pôs à venda o produto assim santificado...

ANA PETROVNA: Está delirando, Anton Pavlovitch. Veja, que respiração curta... E está delirando... Mas tem um aspecto tranquilo, sabe.

TCHÉKHOV: "Fui iluminado pelo Altíssimo", disse-nos meu pai... He, he, he... Iluminado pelo Altíssimo...

ANA PETROVNA: É, o delírio tomou-o. Quer que coloque a bolsa de gelo no seu peito?

TCHÉKHOV: Não, Sara. Não coloque gelo sobre um coração vazio.

ANA PETROVNA: Vou abrir as janelas, posso?

TCHÉKHOV: Está tudo queimado na casa do pobre Fedotik. Tudo...

(*Ela não se move.*)

ANA PETROVNA: Está ofegante. Está suando nas fontes. Não tenha medo, vou enxugar o suor.

(*Ela não faz nenhum gesto. Um tempo.*)

TCHÉKHOV (*como se estivesse a ponto de adormecer*)**:** Feche a janela, Sara. Não gosto dessas mariposas que invadem o quarto à noite... Ou então apague a luz. Não gosto do barulho das mariposas batendo contra a lâmpada acesa. Não gosto do cheiro de mariposa queimada, Ana Petrovna...

(*Ana Petrovna põe-se a estender lentamente o lençol branco sobre o corpo de Tchékhov. Cobre-o docemente, com ternura, começando pelos pés, terminando sobre o rosto e a cabeça do moribundo. Tchékhov está coberto pelo lençol branco.*)

Você apagou a lâmpada?

ANA PETROVNA: Apaguei, Anton Pavlovitch... Apaguei...

(*Batidas na porta. Ana Petrovna vai abrir.*)

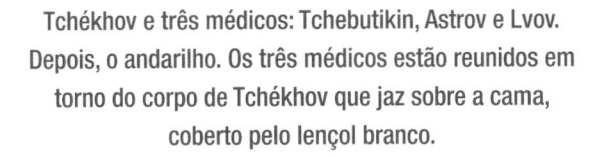

Tchékhov e três médicos: Tchebutikin, Astrov e Lvov. Depois, o andarilho. Os três médicos estão reunidos em torno do corpo de Tchékhov que jaz sobre a cama, coberto pelo lençol branco.

ASTROV: Continuo sem compreender por que estamos aqui.

TCHEBUTIKIN: Estamos aqui porque nos mandaram vir.

ASTROV: Sua explicação, caro colega, é completamente extravagante.

TCHEBUTIKIN: Nos pediram para vir e viemos. Eis porque estamos aqui.

ASTROV: Quem nos disse para vir?

TCHEBUTIKIN: Mikhail Lvovitch, faz perguntas demais. E de qualquer forma não sei de nada.

LVOV: E de qualquer forma você está pouco se lixando, Ivan Romanovitch.

TCHEBUTIKIN: Não foi isso que eu disse.

LVOV: E entretanto a situação é esta. O senhor Anton Pavlovitch Tchékhov morreu e vocês estão pouco se lixando.

TCHEBUTIKIN: Bem, já que você diz que ele está morto, então fomos convocados para confirmar sua morte.

ASTROV: Isso também é ridículo. Neste momento, já que está morto, o máximo que poderíamos lhe dar é a paz.

TCHEBUTIKIN: Era justamente isso que eu ia dizer. E de qualquer forma eu sou contra a autópsia. Aliás, já faz bastante tempo que não faço uma autópsia. Nem sei mesmo como se deve proceder. Uma vez eu soube, é verdade, mas depois esqueci tudo.

LVOV: Mas quem falou em autópsia? Basta só uma olhada para identificar um cadáver.

ASTROV: Então vamos, Evgueni Konstantinovitch, já que parece saber o que se deve fazer, levante o lençol e dê uma olhada.

TCHEBUTIKIN: Talvez queiram pedir que o embalsamemos...

ASTROV: É estranho que ninguém tenha pensado em acender uma vela...

TCHEBUTIKIN: E por quê? O senhor Tchékhov nunca acreditou em nada.

ASTROV: O que está dizendo não tem nenhuma base.

TCHEBUTIKIN: De qualquer forma, tanto faz. E estou muito cansado! Senhores, proponho beber um copo junto ao cadáver de Anton Pavlovitch Tchékhov.

LVOV: Que maluquice! Um pouco de respeito, pelo menos.

TCHEBUTIKIN: Mas digo isso com todo respeito... Proponho beber um copo à cabeceira de Anton Pavlovitch morto, com todo o devido respeito.

(*Tchebutikin tira uma garrafa de vodca e três copos. Distribui e enche os copos.*)

ASTROV: E se depois descobrirem que não é o cadáver dele?

TCHEBUTIKIN: Ah! Lá vem você com suas elucubrações, você...

ASTROV: Mas não, é que estou fazendo um raciocínio...

LVOV: Vamos, senhores, chega! Ao trabalho. (*Fazem tintim, mas antes de beber de um só gole cada um deita por terra, na velha tradição ortodoxa ligada ao culto dos mortos, uma gota de álcool.*) Estamos aqui para constatar a morte de um homem. Nada mais simples. Então, vamos constatá-la e acabar o trabalho!

(*Astrov aproxima-se do cadáver, levanta um pouco o lençol e dá uma olhada sobre o que deveria ser os restos de Tchékhov.*)

TCHEBUTIKIN: E então?

ASTROV: Então o quê?

TCHEBUTIKIN: É ele mesmo? (*Ele também espia.*) Está morto de fato?

ASTROV: É, parece.

TCHEBUTIKIN: Pobre infeliz... É doloroso ver que o cadáver de um grande escritor é tão insignificante e inútil quanto o cadáver do último dos mujiques.

(*Tchebutikin enche novamente os copos.*)

LVOV: Eu, por mim, não diria que se trata do cadáver de um grande escritor. Para mim, o senhor Tchékhov jamais foi um grande escritor.

ASTROV: Mesmo assim não pode negar que ele era um grande escritor.

LVOV: Não o nego. Mas não foi tão grande quanto Tolstói, por exemplo.

TCHEBUTIKIN: No mínimo ele faz parte da família dos nossos grandes escritores.

LVOV: É, mas ele é o menor na família dos grandes.

(*Fazem tintim, deixam cair no chão uma gota de álcool e bebem num só trago.*)

ASTROV (*depois de limpar a voz*): E por que ele seria menor?

LVOV: Porque não é um escritor heroico.

ASTROV: E isso agora! É uma questão de gosto.

LVOV: Não, caro Mikhail Lvovitch, permita-me contradizê-lo, é uma questão de dever.

ASTROV: Mas de onde tirou esse dever dos escritores de serem, todos, heroicos?

LVOV: Olha, o que estou querendo dizer é que o senhor Tchékhov jamais sentiu profundamente a vida do povo. As personagens de Tchékhov nunca têm nenhuma força moral. Podemos dizer que ele não foi capaz de ver na sociedade russa nenhum camponês, nenhum trabalhador, nenhum intelectual com força moral.

TCHEBUTIKIN: Pena que não trouxe comigo também um pouco de caviar... Enfim... (*Enche de novo os copos.*) Eu, entre Tchékhov, que não vê a força moral, e Gorki, que vê a força moral, prefiro Tchékhov, que não vê a força moral.

LVOV: Isso é porque você também nunca teve força moral!

TCHEBUTIKIN: E agora essa, estamos falando de mim ou de Anton Pavlovitch?

ASTROV: Eu acho que Tchékhov está no mínimo à mesma altura de Puchkin, Gógol e Lermontov.

LVOV: Sim, mas nessa série de grandes, ele é o menor.

ASTROV: Então você reconhece que ele no mínimo faz parte dessa série de grandes.

LVOV: Faz, claro, mas é o menor nessa série de grandes.

ASTROV: A Tchékhov, então, que é o menor da série dos grandes.

(*Mesmo jogo. Os três bebem de um trago.*)

Então, para resumir, o cadáver de Tchékhov no mínimo faz parte da série dos grandes...

TCHEBUTIKIN: Tchékhov é certamente um grande, é mesmo um grandíssimo, não importa que seja também muito entediante.

ASTROV: Entediante!

TCHEBUTIKIN: Tente ler quatro ou cinco dos seus contos direto... É um pouco entediante... E quanto mais se lê depois, mais ele fica entediante... Veja, é esse o problema com Tchékhov.

LVOV: Com isso estou de acordo.

TCHEBUTIKIN: Se ler um conto por mês, tudo bem, mas se ler muitos em sequência, fica cada vez mais entediante. Mas continua sendo, inegavelmente, um dos nossos maiores escritores.

(*Tchebutikin enche de novo os copos.*)

ASTROV: É um pouco entediante porque suas personagens são seres monótonos. Como todos nós, aliás.

LVOV: Quanto a mim, peço desculpas, mas não me considero um ser monótono.

ASTROV: Ah, bom!

LVOV: Eu possuo princípios morais, luto pelo bem de meus semelhantes e também sou um patriota.

TCHEBUTIKIN: Mas isso é a própria definição da monotonia. Quanto a mim, nunca fiz nada por minha pátria, nunca trabalhei e nunca tive princípios também. E no fim das contas é tão monótono quanto ter princípios, trabalhar e fazer alguma coisa por sua pátria. É que a alma humana deve ter alguma coisa de extrema monotonia. E ele viu isso muito bem, este senhor cujo cadáver espera que atestemos seu óbito. À nossa!

(*Bebem.*)

ASTROV: Não sei por quê, mas, agora que Anton Pavlovitch está morto, eu me sinto aliviado.

TCHEBUTIKIN: Ah, por que ele impedia você de existir?

ASTROV: Não sei bem.

TCHEBUTIKIN: Ele impedia você de sonhar, talvez?

ASTROV: Mas agora que ele está morto, o que digo é que devemos esquecê-lo e retomar o trabalho.

LVOV: Todas as suas personagens são de certa forma como o papel mata-moscas. O que só resulta em *spleen*, vazio e escuridão.

ASTROV: Então, o rei da alma eslava está morto. Viva o rei!

(*Tchebutikin enche os copos.*)

TCHEBUTIKIN: O que é isso, a alma eslava, Mikhail Lvovitch? Eu nunca vi essa alma eslava. Nunca a percebi, nem entre os meus familiares, nem entre os meus vizinhos, nem entre os colegas de escola... O que isto quer dizer, a alma eslava? O ronco eslavo, sim, isso eu sei o que quer dizer... Ou um bom escarro eslavo... Ou um peido eslavo... Ou um boato eslavo... Mas a alma? Quem é que inventou essa imensa babaquice, que a alma eslava teria algo a mais que a alma latina ou que a alma alemã ou que a alma turca...

(*Os três médicos ficam imóveis, os copos nas mãos. Tchékhov levanta o lençol e senta-se na cama.*)

TCHÉKHOV: Há muitas contradições em mim. Como viver com tudo isso? O carrasco e a vítima estão em mim, em partes iguais... Às vezes busco desesperadamente a solidão... E quando estou sozinho entedio-me desesperadamente e desesperadamente busco companhia... A beleza me fascina, inclino-me somente diante do deus da Beleza, mas em toda minha vida só fiz observar a feiura, a beleza alterada, a beleza doentia, a beleza corroída pela morte... Não sou religioso, odeio a religião, odeio os deuses, e ao mesmo tempo tenho sede de imortalidade... Odeio Deus, na verdade, porque ele não existe... Os ideólogos fazem-me rir, e acho tola, redutiva, toda filosofia positivista da promessa de uma vida melhor... E entretanto não posso me impedir de viver no amanhã, meu ídolo é o amanhã, minha memória está voltada para o futuro...

(*Vai até o armário, abre-o e pega um copo e um pratinho com azeitonas. Volta para junto dos três médicos. Tchebutikin enche-lhe o copo. Os quatro bebem e comem azeitonas.*)

Sei que nunca fui terno com minhas personagens... Sei que meus contos e peças estão entre os mais cruéis jamais escritos... Mas é porque meu senso de orientação é governado por uma espécie de bússola moral, que me indica sempre a escuridão...

(*Entra o andarilho.*)

O ANDARILHO: Bom dia... Desculpem-me incomodá-los com uma pergunta, num momento que é sem dúvida de grande dor para os senhores... mas este é o cortejo fúnebre do escritor Anton Pavlovitch Tchékhov?

LVOV: É...

O ANDARILHO: Oh, até que enfim... Imaginem que fui até a gare Nicolas para esperar o féretro de Tchékhov... mas cheguei um pouco atrasado e já havia um cortejo que estava quase pronto... Uma orquestra militar tocava uma marcha fúnebre na plataforma e eu disse para mim mesmo: ótimo, é muito louvável que nossas autoridades considerem oportuno dar um certo brilho ao evento, ao enterro de um grande escritor... E segui o cortejo ao som da música marcial... E lá adiante é que descobri que era o cortejo errado, parece que o caixão do general Keller, assassinado na Manchúria, tinha chegado na mesma hora que o de Tchékhov, que tinha vindo da Alemanha... Então dei meia-volta e retornei à gare... Mas na gare Nicolas já não havia mais nada... Exceto o vagão em que tinha chegado o caixão do escritor e, acreditem, estourei de rir quando vi que no vagão, que aliás era meio esverdeado, estava escrito "Transporte de ostras". Então me senti aliviado, pois disse para mim mesmo: ora, isso é reconfortante, nossas autoridades continuam no mínimo tão babacas como sempre... É esta a nossa sociedade russa... E saí correndo atrás do cortejo certo, se bem que agora já não estou seguro de nada... Mas já que me dizem que é o certo...

ASTROV: É, é o certo.

O ANDARILHO (*deixa-se cair sobre uma cadeira*): Certo, já que é o certo, então eu fico... Mas é impressionante o que corri... Estou todo suado...

(*Tchékhov estende-lhe a toalha, o andarilho enxuga a testa. Tchékhov desaba sobre a poltrona, pega um livro, abre-o, e cobre o rosto com ele.*)

Os mesmos da cena anterior, e as três irmãs, Olga, Macha e Irina. A entrada das três irmãs marca o começo de uma espécie de festa. Ouve-se lá fora uma fanfarra tocando, talvez na praça pública. As três irmãs aproximam-se primeiro de Tchékhov.

OLGA: Bom dia, Anton Pavlovitch...

MACHA (*a Olga*): Mais alto...

OLGA: Bom dia, Anton Pavlovitch...

IRINA (*a Lvov*): Está dormindo?

LVOV: Não se sabe.

MACHA: Ou talvez já esteja morto...

LVOV: Não se sabe se está morto ou vivo.

OLGA: Não, está respirando. Bom dia, Anton Pavlovitch.

LVOV (*diante de Olga*): Cara Olga Sergueievna, permita-me apresentar-me... Evgueni Konstantinovitch Lvov, médico de Zemstvo.

IRINA: Vamos deixá-lo dormir. Podemos esperar. Não temos nenhuma pressa.

LVOV: E este é meu colega, Mikhail Lvovitch Astrov...

TCHEBUTIKIN (*que vai sentar-se em um canto do quarto*)**:** E eu, sou o rei dos idiotas...

MACHA: Tenho certeza de que ele nos ouve... Está nos ouvindo, não está, Anton Pavlovitch?

TCHÉKHOV (*sem abrir os olhos*)**:** Por que essa música militar? Ainda não estou morto.

IRINA: Ah, está fazendo fita, Anton Pavlovitch. Será que posso lhe dar um abraço?

TCHÉKHOV: É você, Irina?

IRINA: Sou.

TCHÉKHOV: Veio despedir-se de mim?

IRINA: Vim. E aqui estão minhas irmãs, Macha e Olga.

LVOV (*diante de Irina*)**:** Cara Irina Sergueievna, permita-me apresentar-me... Evgueni Konstantinovitch Lvov, médico de Zemstvo.

TCHÉKHOV: Mas que dia é hoje?

LVOV: E este é meu colega, Mikhail Lvovitch Astrov...

OLGA: Dois de julho.

TCHÉKHOV: Já?

OLGA: Já.

TCHÉKHOV: E entretanto eu não esperava que viessem... Não, Irina, é melhor não me abraçar. Devo estar cheirando muito mal... Deram-me uma injeção de cânfora... E este calor que é esmagador... Mas aproxime-se um pouco, Irina... Pois você cheira muito bem...

(*Irina senta-se à cabeceira de Tchékhov e acaricia-lhe as têmporas. Em seu canto, Tchebutikin dedilha docemente as cordas de um violão.*)

TCHEBUTIKIN: Nunca mais, nunca mais, o tempo passado não volta... É incrível como essa reflexão é tola...

OLGA: Sabe, Anton Pavlovitch, queremos contar-lhe uma excelente boa-nova.

TCHÉKHOV: Então, vão partir para Moscou!

MACHA: Ah, como sabe?

TCHÉKHOV: Eu sei, Macha. Venha, Macha, dê-me a mão... Já faz dez anos que vocês querem, as três, partir para Moscou... E acabaram não indo nunca para Moscou... Estava mais do que na hora de tomar uma decisão.

LVOV (*diante de Olga*)**:** Cara Macha Sergueievna, permita-me apresentar-me... Evgueni Konstantinovitch Lvov, médico de Zemstvo.

IRINA: É, vamos partir! Vamos partir!

LVOV: E este é meu colega, Mikhail Lvovitch Astrov...

TCHÉKHOV: Quando estiverem em Moscou, vão cumprimentar por mim a princesa Bariatinskaia... (*Tosse. Durante seus acessos de tosse, Tchékhov parece desligar-se, por momentos, da realidade.*) Ou talvez seja você a princesa Bariatinskaia... Bom dia, princesa. É muita gentileza ter vindo. Lamento recebê-la neste estado, mas...

IRINA: Não sou a princesa Bariatinskaia. Sou Irina.

TCHÉKHOV: Olga, você pode me abraçar, você... Você esteve sempre embebida pelo sentimento do dever... Você pode me abraçar, minha querida Olga... Está habituada à miséria humana... Na sua escola o fedor deve ser tão grande quanto em meu quarto...

OLGA (*ao lado de Tchékhov*): Acalme-se, Anton Pavlovitch... Seu quarto está cheio de flores... Todas as roseiras que plantou no jardim estão em flor... E Anfissa espalhou flores por tudo...

TCHÉKHOV: Macha...

MACHA: Sim...

TCHÉKHOV: Pode tomar-me o pulso? Será que está normal, o meu pulso? Deveria estar normal... Deram-me uma injeção de morfina e também fiz inalações de oxigênio...

MACHA: Está, está normal.

TCHÉKHOV: Então alguém pode colocar um pouco de música... (*Irina levanta-se e liga o gramofone.*) Olga, Macha, Irina... É maravilhoso ter vocês três, aqui! Sente-se, Irina. E Macha, sente-se aqui... Olga, tem uma cadeira lá... Jogue no chão todas essas folhas... Goltsev vive me enviando manuscritos... Centenas de manuscritos... É extraordinário como todo mundo escreve na Rússia... Mas eu não posso mais lê-los... Quer dizer que vão partir para Moscou... Bravo!

MACHA: É, dessa vez é pra valer! Se soubesse, Anton Pavlovitch, como nossa aldeia ficou morna depois da partida do regimento. Um verdadeiro buraco... Agora chove mais do que antes... E a poeira penetra em tudo, tudo... Em casa, tiramos a poeira três vezes por dia, e não basta... Todos os nossos vestidos estão impregnados de poeira, eu diria que a poeira passou até para nossas almas...

O ANDARILHO (*aproxima-se timidamente de Macha*): Com sua permissão, acho que já vi a moça na gare Nicolas... Onde não consegui encontrar o cortejo certo... Depois de ter caminhado mais de quinze quilômetros a pé...

TCHÉKHOV: Você tem notícias de Verchinin, Macha?

MACHA (*bruscamente ela se põe a chorar*): Não. Mas por que é sempre tão cruel assim, Anton Pavlovitch? Por que me faz sofrer, mesmo agora que está à beira da morte? Por que nos condena até o fim?

ASTROV (*aproxima-se de Macha, bate os calcanhares em estilo militar*): Cara Macha Sergueievna, dê-me a honra desta dança.

(*O par gira em torno da poltrona em que está Tchékhov. Tchebutikin, que parece ter sido bastante afetado pela presença das três mulheres, continua a dedilhar o violão, sem chegar a tocar nada.*)

TCHÉKHOV: O fim! O fim! Que fim? Como eu poderia condenar alguém? Não está vendo que estou gravemente enfermo? Que mal consigo respirar? Deixe-me em paz. Há um criado nesta casa que à noite fuma no quarto. E toda a fumaça sobe para cá... Todas as noites, ele se levanta às duas horas da manhã e fuma no quarto... e toda a fumaça chega até aqui... Espera-se que aqui se respire ar puro, e veja, há um maluco que empesta o ar da noite...

LVOV (*aproxima-se de Irina, bate os calcanhares em estilo militar*)**:** Cara Irina Sergueievna, dê-me a honra desta dança.

(*O segundo par gira em torno da poltrona em que está Tchékhov.*)

O ANDARILHO (*aproxima-se timidamente de Olga*)**:** Com a sua permissão, acho que já vi a moça na gare Nicolas... onde não consegui encontrar o cortejo certo... Parece que o General Keller também está morto... assassinado na Manchúria... Esta é a Rússia...

IRINA (*que continua dançando com Lvov*)**:** Anton Pavlovitch...

TCHÉKHOV: Sim...

IRINA: Coloquei a música... Está ouvindo?

TCHÉKHOV: Quê? Vão, vão, vão...

OLGA: Anton Pavlovitch, oh, Anton Pavlovitch... em que delírio você nos colocou... Quer cuspir?

TCHÉKHOV (*que sufoca*)**:** Sim... Sim...

OLGA: Onde está a escarradeira?

TCHÉKHOV (*apavorado, a boca cheia de sangue que começa a desbordar*): Lá... Lá...

(*As três irmãs, Astrov e Lvov põem-se a procurar a escarradeira em torno da cama.*)

MACHA: Onde? Onde está?

TCHEBUTIKIN: Lá... Lá...

(*Finalmente encontram a escarradeira e ajudam o doente na atroz operação. Depois de ter cuspido o sangue, Tchékhov exibe de súbito uma excelente aparência. Volta a sentar-se. Tchebutikin aproxima-se discretamente de Olga e fala em voz baixa com ela.*)

A senhorita é o retrato escarrado da sua mãe... Oh, como eu a amei, a sua mãe... A vida inteira eu a amei com loucura... Que idiota!

TCHÉKHOV: Ah, faz-me rir! Ah, ah! Isto é uma música militar? É engraçado, a música militar se afastando pela rua e eu, eu à beira da morte! *Ich sterbe... Ich sterbe...* Jamais deveria ter deixado Moscou... Veja, me deram um pijama grande demais! Como pendem as mangas... Assim não é possível... E o robe de dormir... Ele também é muito grande... Por que têm me dado, já faz algum tempo, roupas tão grandes?

MACHA: Quer dançar comigo, Anton Pavlovitch?

(*Tchékhov desce da cama. Em seu robe de dormir muito grande lembra um pássaro que fica cômico e desengonçado por estar caminhando sobre a terra. Dança com Macha. Astrov aproxima-se de Irina.*)

ASTROV: Permita-me apresentar-me... (*Ela lhe estende a mão, que ele beija.*) Mikhail Lvovitch Astrov...

TCHEBUTIKIN: E este é meu colega Evgueni Konstantinovich Lvov...

ASTROV (*furioso*)**:** Chega, Ivan Romanovitch!

TCHEBUTIKIN (*em voz baixa, discretamente, a Macha, vendo-a dançar com Tchékhov*)**:** Oh, Macha, Macha... É o retrato escarrado da sua mãe...

TCHÉKHOV: Minha querida Macha... Nada ainda está perdido, minha querida Macha... Vou dizer-lhe um segredo... Até fevereiro, irei à França... (*A Irina.*) Irina, abra o armário, ali... Tem uma garrafa de champanhe no armário...

TCHEBUTIKIN (*sempre para Macha*)**:** Ah, como eu a amei, a sua mãe... A vida inteira eu a amei... Fico muito emocionado ao ver todas as três aqui...

(*Irina vai abrir o armário e pega uma garrafa vazia. O andarilho está sempre se abanando com seu chapéu e, de vez em quando, tira um lenço e enxuga a testa e o pescoço.*)

TCHÉKHOV: Vamos, bebamos champanhe! Irina, pode abrir a garrafa! Olga, tem copos na cozinha... Ali...

(*Olga traz os copos. Tchékhov e Macha param de dançar. Cada um pega um copo.*)

IRINA: A você, Anton Pavlovitch!

(*Todos permanecem imóveis, os copos vazios na mão.*)

TCHÉKHOV: Bom, não é? É que o médico recomendou-me o champanhe. Pois é. Como sofro para respirar, faz-me beber champanhe. E sabem por quê? Porque o champanhe tem bolhas. Portanto, isso me ajuda a respirar melhor. O champanhe me faz engolir ar fresco. Muito bem...

(Olga larga seu copo e para a música. Todas as personagens permanecem imóveis. Tchékhov desaba sobre uma poltrona.)

Sempre me acusaram de nunca ter tido uma paixão verdadeira, forte, intensa, louca, irracional... E entretanto amei a minha vida inteira... O que é uma paixão irracional? Criticaram-me por não ter um amor cego... O que se esquece é que a vida inteira estive doente... Estou doente... E serei doente a vida inteira. Toda a minha infância estive doente... Apanhava de tudo... Tosse, hemorroidas, peritonites, enxaquecas, problemas cardíacos, afecções da vista, corizas... Mas minha grande especialidade, minhas caras damas, é cuspir sangue. Há alguns que cospem fogo... O que é certamente muito mais belo... É até muito romântico... Mas eu, a minha vida inteira cuspi sangue. Com 24 anos comecei a cuspir sangue. São vinte anos cuspindo sangue... Pois nunca mais parei... Quer dizer que vão para Moscou?

IRINA: Vamos. Vamos alugar uma casa na velha rua Basmannaia... Bem ao lado da casa em que nascemos...

MACHA: E vamos viver! Vamos viver, Anton Pavlovitch! Viver!

IRINA: Eu vou passar uma noite no Hotel Europa. A vida inteira quis passar uma noite num hotel. Já dormiu lá, no Hotel Europa?

TCHÉKHOV (*sem responder a Irina, volta-se para Olga*): É verdade, Olga?

OLGA: É.

TCHÉKHOV: Tomaram a grande decisão?

OLGA: Sim! Sim!

TCHÉKHOV: Vão deixar tudo para ir a Moscou?

OLGA: Sim! Sim! Sim!

(*As três irmãs abraçam-se, à beira de uma crise de nervos. Tchebutikin recomeça a dedilhar o violão.*)

TCHÉKHOV: E quando? Quando vão partir? Porque agora é um pouco tarde. No mês de julho já está tudo alugado... E, além disso, ouvi dizer que o tifo está se espalhando agora em Moscou...

OLGA (*que enxuga algumas lágrimas*): Vamos partir no ano que vem...

MACHA: É, no ano que vem...

IRINA: Na primavera...

OLGA: No ano que vem, na primavera. Está decidido...

TCHEBUTIKIN: Chega... Acho que chega... Apesar de tudo... chega...

TCHÉKHOV (*que tira bruscamente um jornal do bolso de seu robe*): Por que é tão idiota, este Skabitchevski? Como pode ser tão idiota? Um idiota que me chama de palhaço... Vocês leram o jornal? Chama-me de palhaço... "Tchékhov, um desses palhaços de jornal destinados a morrer esquecidos ao pé de uma paliçada..." E eis que não morro ao pé de uma paliçada... Morro rodeado de mulheres! De belíssimas mulheres... Obrigado por ter vindo, Olga... (*Tosse de novo.*) Olga, onde está? Irina... Macha...

(*As três irmãs não respondem mais a Tchékhov. Estão imóveis, em pé, no quarto, como três espectros. Tchékhov procura-as com os olhos mas já não as vê.*)

De fato, o que mais amei em minhas histórias de amor eram as preliminares... O jogo galante... Olga, Macha, Irina... Onde estão? Por que somos tentados a fazer o universo inteiro responsável pelas nossas decepções? Hein? Macha? Minha querida Irina... Como você é alegre, como é espontânea, como arde com o desejo de devotar-se e de crer... Vai, Irina, vai para Moscou... Moscou, é a vida... (*Põe-se a rir de forma bastante cínica. Seu riso transforma-se em tosse. Desgostoso consigo mesmo, cospe de novo na escarradeira, mas com um gesto rápido.*) Não deveria ter vindo para cá... Primeiro, desaconselharam os invernos de Ialta e recomendaram os arredores de Moscou! Depois, disseram-me que fosse para a Alemanha. Tente entender tudo isso! Anfissa! Anfissa! Traga-me água quente... Traga-me o chapéu e o casaco... Tenho uma viagem pela frente... Esqueci alguma coisa... (*Para si mesmo.*) Como sou imbecil... Esqueci alguma coisa...

O ANDARILHO (*aproxima-se de Macha*): Imagine que não consegui encontrar o cortejo certo... Cheguei um pouco atrasado na gare Nicolas e lá estava, formando-se, o errado, o do general Keller, assassinado na

Manchúria... cujo féretro tinha chegado ao mesmo tempo que o de Tchékhov, que, este, tinha vindo da Alemanha... Essa é a nossa sociedade russa... E depois corri para alcançar o cortejo certo, e eis que estou todo suado...

(*Todos os olhares voltam-se para o vazio.*)

Os mesmos da cena anterior, e Bobik. Bobik usa um uniforme de zelador dos anos de 1970. Comporta-se como se a ação acontecesse na casa (transformada em museu) de Tchékhov, em Ialta. É madrugada. Ouve-se o canto de um galo. Tchékhov está sentado na penumbra. Todas as outras personagens estão imóveis, como estátuas de cera.

BOBIK: Bom dia, Anton Pavlovitch.

TCHÉKHOV: Bom dia.

BOBIK: Não está me reconhecendo, não é?

TCHÉKHOV: Não.

BOBIK: Fazia muito tempo que não passava por aqui.

TCHÉKHOV: É, é verdade.

BOBIK: Sou o zelador-jardineiro. Já faz trinta anos que o espero. Mas talvez devesse começar me apresentando. Meu nome é Bobik.

TCHÉKHOV: Bobik...

BOBIK: Bobik...

TCHÉKHOV: Bobik e... que mais?

BOBIK: Digamos que... Bobik basta. Isso não lhe diz nada?

TCHÉKHOV: Não. Sinto muito.

BOBIK: É verdade que nunca fui uma personagem de verdade. Aliás, você nem pensou que eu pudesse crescer... envelhecer até... Tudo bem, a ficção é assim mesmo... É como a vida... As personagens envelhecem, às vezes esfacelam-se, às vezes morrem e desaparecem definitivamente no nada. Nem todos são como a senhorita Nina Mikhailovna, que permanece sempre jovem, embora infeliz. Ou como o senhor Nikolai Alekseievitch Ivanov, que não envelhece nem morre jamais, embora dispare todas as noites uma bala na cabeça.

TCHÉKHOV: Não compreendo o que está murmurando, Bobik.

BOBIK: Não, você compreende muito bem. E lembra-se muito bem de mim. Todo mundo rola de rir quando se fala em mim. Lembra-se da fala de Solioni em *As Três Irmãs*... no segundo ato... "Se esse menino fosse meu, eu o fritaria numa frigideira e o comeria"... É engraçado, é de fato muito engraçado... É a fala que causa mais risadas de todas as suas peças... Milhões de espectadores já estouraram de rir com essa fala... Além disso, ela é totalmente inesperada... E muito bem colocada... em meio a uma ternura integral... Pois bem, sou eu o menino que você fez "fritar" na frigideira... Eu sou Bobik, filho de Natacha e Andrei...

TCHÉKHOV: Está delirando, senhor. Há quanto tempo trabalha nesta casa?

BOBIK: Há trinta anos.

TCHÉKHOV: Isso explica tudo.

BOBIK: Não, senhor Tchékhov, não explica nada. De psicologia, o senhor entende alguma coisa. Isso não explica absolutamente nada.

TCHÉKHOV: Entretanto, trinta anos é bastante...

BOBIK: De fato, quer saber como eu soube que viria de vez em quando rodar em volta da casa?

TCHÉKHOV: Mas eu não rodo em volta da casa.

BOBIK: Claro que sim. De vez em quando vem aqui, para rever sua querida casa em Ialta. A cada cinco, seis anos, passa por aqui... Discretamente, silenciosamente... Toda vez mistura-se aos turistas que vêm visitar a casa... É mesmo muito estranho, para mim, reconhecê-lo a cada vez por entre todos esses visitantes, nessa multidão de turistas...

(*Bobik começa a arrumar a peça, como que a preparando para a abertura do museu.*)

Não sei como o tempo passou. Devo estar muito velho. Meu avô foi general de brigada em uma sede de governo. Para onde vai a Rússia? Quem poderia imaginar que tudo isso nos aconteceria um dia? Meu pai chamava-se Andrei Sergueievitch Prozorov. Mas eu, eu me chamo Bobik. Toda a vida, todo mundo me chamou de Bobik. Não sei quem me deu esse nome. Minha mãe, que morreu faz apenas alguns anos, chamava-se Natalia Ivanovna. Mas todo mundo a chama de Natacha... Era linda, a casa dos meus pais. Moravam conosco ainda duas tias minhas, irmãs de meu pai, Olga e Irina. Tinha também a Macha, terceira irmã do meu pai, mas ela vivia com o marido em outra casa. Depois, um dia, Irina partiu para Moscou. Depois, houve a guerra. Não sei como tudo isso pode acontecer. Houve primeiro a guerra e depois a revolução... E a velha Rússia desapareceu. Isto é o que eu nunca compreendi muito bem... Como é que conseguiram matar a velha Rússia? Mas a alma russa, esta sobreviveu! Por isso os bolcheviques não realizaram sua apregoada revolução. O problema, conosco, os russos, é que estamos afogados na extensão de nosso país. Nossas roupas são muito grandes. Elas arrastam na terra... o que nos impede de caminhar... A alma russa é assim... Afogada no espaço sem fim. Por isso os bolcheviques afogaram-se, eles também, no espaço sem fim...

(Pausa. Bobik parece não falar mais com Tchékhov. Examina atentamente as "estátuas de cera". Durante trinta ou quarenta segundos, Tchebutikin dedilha o violão. Bobik recomeça a arrumar a peça.)

Por razões que desconheço, minha mãe quis que eu fizesse carreira militar. E comecei uma carreira militar. Ela queria que eu fosse, como Napoleão, general aos 24 anos. E eu era só tenente aos 24 anos. Depois, começou a guerra e minha mãe conseguiu que eu fosse liberado do exército por razões de saúde. Bruscamente, mandou-me estudar na Suíça. Depois, escreveu-me uma carta para Genebra: "Sobretudo não volte para a Rússia!". Depois, vieram os bolcheviques e tomaram o poder.

(Pausa. Novo momento de imobilidade. Bobik olha durante alguns segundos para o vazio, em seguida volta a arrumar a peça, a examinar as "estátuas de cera", etc.)

Lembro-me dos longos outonos da minha infância, na minha aldeia natal... Como era belo, como era vasto, como o rio era belo. À noite fazia frio e havia pernilongos nos atacando... Mas geralmente o clima era ótimo. Tinha uma floresta pertinho de casa... E também as bétulas... Eram tão dóceis, tão tenras, as bétulas... Toda a infância brinquei por entre as bétulas... Eram como meus anjos da guarda, as bétulas... Depois, tinha a gare... Pois todo verão íamos para Moscou, em uma casa na rua Alemã. Mas, muito mais do que Moscou, eu gostava da viagem até Moscou. Havia primeiro os preparativos que começavam duas semanas antes da nossa partida. Depois, quando chegava o dia, íamos para a gare que era bem longe da aldeia, cerca de vinte quilômetros... Depois, tinha o trem, a longa viagem de trem com as intermináveis paradas em todas as gares... E quando chegávamos a Moscou, na gare Nicolas, pegávamos uma carruagem para a rua Alemã, e minha mãe sempre negociava o preço com o cocheiro.

(Tchékhov balança-se na cadeira de balanço. Bobik olha para o vazio, fica imóvel por alguns segundos, depois começa a espanar as "estátuas de cera".)

Cada vez que minha mãe falava da minha futura carreira militar, dava-me um único e bizarro argumento para justificar sua escolha: "Assim ao menos você não será como seu pai". É verdade que meu pai era um ser estranho. Até o fim da vida, nunca deixou de engordar. Quanto menos lhe davam para comer, mais engordava... Minha mãe tinha adquirido o hábito de oferecer-lhe à mesa somente leite coalhado... "Para emagrecer", dizia... Mas ele não emagrecia... Ao contrário... Depois, adquiriu o hábito de esconder-se... Era visto cada vez menos. Todos os dias depois do café da manhã, fechava-se em seu quarto. "Chiii, seu pai está trabalhando", dizia minha mãe. Aliás, toda a família e todos os criados da casa tinham a obrigação de não fazer nenhum barulho perto do quarto de meu pai, e principalmente no pátio embaixo das suas janelas. O que é que fazia meu pai fechado em seu quarto às vezes até a meia-noite, ninguém jamais soube. À noite raramente comia conosco, pois tinha que "alinhavar alguma coisa". Quando meu pai morreu, encontramos em seu quarto seis mil almanaques e revistas ilustradas, a maioria russas, mas também alemãs e francesas...

(*Pausa. Olha para o vazio. Tchékhov para de balançar-se na cadeira. Bobik recomeça a espanar, escovar e limpar as "estátuas de cera". De vez em quando reposiciona um braço, uma perna, uma cabeça, etc.*)

Em sua última carta, antes de morrer, minha mãe escreveu-me: "Não volte nunca para a Rússia". Os bolcheviques tinham nos tirado tudo... as terras, a floresta, a casa... Foi assim que me tornei porteiro de um hotel em Nice. Durante anos abri e fechei, seiscentas vezes por dia, as portas de entrada do Hotel Pallady. "Bom dia, senhor, bom dia, senhora, sim, senhor, sim, senhora, é claro, senhorita, imediatamente, senhor, chegou o seu carro, senhor..." Eu pronunciava essas palavras todos os dias, várias centenas de vezes por dia. Empregaram-me porque o proprietário do hotel queria um porteiro que fosse russo branco com um uniforme de oficial autêntico. Quando aceitei a proposta, queria ficar apenas uns meses, o tempo de economizar algum dinheiro... Depois, aconteceu uma coisa esquisita. Não vi mais o tempo passar. É verdade também que o clima era muito bom em Nice... Depois, todos os dias, pensava nas desgraças no meu país, a santa Rússia. E quando vi que Gorki tinha voltado, eu também voltei... Depois Gorki morreu, e eu fui enviado para o campo... Mas cheguei a correr o risco de ser enviado para o Cazaquistão, nos trabalhos agrícolas... Os campos, estava bem... Felizmente não fui enviado para as minas de níquel, em Norilsk... Em Norilsk, o número de mortos é seis vezes maior. E em Kolyma era pior ainda; se você fosse enviado para Kolyma, teria muito pouca chance de sair de lá... Mas por que estou lhe dizendo isso tudo? Você perdeu duas guerras, uma revolução, duas fomes e o grande terror... Teve a sabedoria de retirar vossa reverência antes que tudo isto começasse... De qualquer maneira, isto jamais poderia se comparar com sua xícara de chá... Vamos, Anton Pavlovitch... agora precisa partir... Da próxima vez que vier contarei para você como cheguei a Ialta...

(*Bobik tosse. As outras personagens permanecem imóveis. Bobik contempla durante algumas dezenas de segundos o conjunto das "estátuas de cera". Parece estar satisfeito. Mas sua atenção é atraída bruscamente por um grão de poeira na roupa de Tchékhov. Tira com um piparote o grão de poeira da roupa de Tchékhov, este agora também transformado em uma estátua de cera. Satisfeitíssimo, Bobik tosse. Ouve-se o apito de uma locomotiva a vapor. Bobik dá para Tchékhov seus objetos, uma maleta, o casaco, a bengala, o chapéu, etc.*)

Vamos, adeus, senhor Tchékhov... Tem o que ler e comer no trem? De qualquer maneira, do trem você gosta muito. Quando se instala em algum lugar fica infeliz, em Moscou é infeliz, em Ialta fica entendiado... Mas no trem está sempre bem...

(*Dizendo isto, Bobik aproxima-se da porta envidraçada do fundo que se torna, pelo jogo da iluminação, a porta de um vagão. Desdobra alguns degraus móveis, como havia antigamente nos vagões de primeira classe. Tchékhov entra no trem. As personagens voltam o olhar para Tchékhov, é sua maneira de dizer-lhe adeus. Somente o andarilho faz um gesto nervoso com o braço, como se dissesse: "merda, perdi novamente o trem". O trem então se distancia, levando Tchékhov. Tchebutikin dedilha uma vez mais o violão. A luz diminui. Escuro. Durante a lentíssima partida de Tchékhov, as personagens de cera cantam a seguinte canção.)*

AS PERSONAGENS DE CERA:

Estou cansado, querida Rússia
vou te deixar por um tempo
há muita terra sob os meus pés
e sobre a terra há muito vento

estou partindo, querida Rússia
o vento sopra com força
há muita neve sob os meus pés
e sobre a terra há muitos mortos

eu vou viajar, querida Rússia
uma centena de cavalos me esperam
amanhã será bom, eu vou cavalgar como um rei
levado por uma centena de cavalos negros e loucos

adeus, querida Rússia, eu voltarei
na próxima primavera ou então
um pouco antes do fim da eternidade, conta comigo
tu bem sabes que em meu coração tudo está
    como antes

adeus, os ventos frios da Sibéria
escavaram um ninho de fogo em meu peito
e assim eu guardarei o sabor da esperança,
vamos em frente, meu caros cavalos loucos e negros

eu nada esqueci, disse adeus para todos
as mulheres que amei agitam seus lenços
todo mundo me perdoou por esta partida
exceto meu cão e meus cem cavalos negros.

Fim

DUAS CENAS DE RESERVA

Quando a peça foi montada na França e no Teatro Nacional de Bucareste, Matéi Visniec foi incitado pelos respectivos encenadores a escrever duas outras cenas. Ele "aceitou o jogo" e aqui estão, para futuros encenadores em potencial desta peça, essa "matéria" suplementar.

A

Tchékhov sentado a uma mesa, um monte de fichas à sua frente. Tio Vânia entra com uniforme de prisioneiro, correntes nos pés.

TCHÉKHOV: Nome, sobrenome, idade.

TIO VÂNIA: Ivan Petrovitch Voinitski, Vossa Nobreza. Mas todo mundo me chama de Tio Vânia. Tenho 54 anos, Vossa Nobreza. Estou condenado pelo assassinato de um cadáver.

TCHÉKHOV: Não me chame de "Vossa Nobreza". Meu nome é Anton Pavlovitch Tchékhov e sou médico.

Vim aqui para escrever um livro sobre a prisão e a vida dos forçados.

TIO VÂNIA: Sei, Vossa Nobreza. Todo mundo fala de você. Mas é também raro ver alguém esclarecido que se interesse por você. Dizem que é escritor também. Já interrogou milhares de forçados, e também os colonos e mesmo as prostitutas e os foragidos... Logo não haverá ninguém nesta maldita ilha que não tenha respondido às suas perguntas. Não está cansado, Vossa Nobreza, de escutar sempre as mesmas respostas? Porque aqui todo mundo se considera inocente.

TCHÉKHOV: De onde vem, Ivan Petrovitch? Parece-me ser um homem culto. E entretanto não é prisioneiro político...

TIO VÂNIA: Não, Vossa Nobreza, não sou assim tão culto, embora tenha estudado na minha juventude. Também tive, como muitos jovens da minha geração, ideais, uma vontade de mudar o mundo... Para enfiar-me depois na província e tornar-me tão cruel com os mujiques quanto os que eu combatia... Perdão por chamá-lo de Vossa Nobreza... Aqui, na prisão, se você não quiser ficar com o corpo em frangalhos, tem que chamar até os carrascos de "Vossa Nobreza" ou "Vossa Excelência". Não, não sou um homem culto... Pelo contrário, estou aqui porque matei um tal que se considerava um homem culto e uma personalidade esclarecida... Estou aqui, Vossa Nobreza, porque matei um cadáver chamado Aleksandr Vladimirovitch Serebriakov.

TCHÉKHOV: E qual sua pena, Ivan Petrovitch?

TIO VÂNIA: Fui condenado a quinze anos de prisão por ter matado com dois tiros de revólver um professor universitário aposentado, um tal Aleksandr Vladimirovitch Serebriakov. Você nunca ouviu falar desse Aleksandr Vladimirovitch Serebriakov, Vossa Nobreza?

TCHÉKHOV: Não. Acho que não.

TIO VÂNIA: Mas veja que ele escreveu um certo número de artigos sobre arte... Aliás ele escreveu artigos de arte durante a vida inteira, e esses artigos, hoje, ninguém se lembra deles. Mas você não lia sempre regularmente os jornais literários, Anton Pavlovitch?

TCHÉKHOV: Lia, sempre li os jornais literários.

TIO VÂNIA: E não lhe diz nada o nome de Aleksandr Vladimirovitch Serebriakov.

TCHÉKHOV: Não, não me diz nada.

TIO VÂNIA: Então eu fiz bem em matá-lo.

(*Pausa. Tchékhov tira um cantil cheio de conhaque.*)

TCHÉKHOV: Quer um gole? É conhaque, excelente conhaque. Foi um amigo que me deu, em Moscou, na gare Iaroslav, no dia da minha partida. Fez-me jurar só tocar neste cantil quando chegasse à beira do Pacífico.

(*Tio Vânia bebe.*)

TIO VÂNIA: Êh! Isto me lembra que a felicidade existe. Porque para nós, os forçados, a felicidade se reduz a pouquíssimas coisas... Um prato quente com algum sabor, um copo de vodca, mesmo falsificada, uma boa noite de sono aquecido, um par de botas que não estejam furadas... Esta é a imagem da felicidade aqui, na Ilha de Sacalina... O buraco do cu da nossa Santa Rússia... À nossa, Anton Pavlovitch.

TCHÉKHOV: À nossa!

TIO VÂNIA: É um homem diferente, Anton Pavlovitch. Francamente, não compreendo por que atravessou 10 mil quilômetros para chegar até aqui... O que é que está procurando? É difícil de acreditar que a miséria dos forçados interesse-lhe ao ponto de arruinar sua saúde... Não tem um bom aspecto, Anton Pavlovitch... É melhor partir daqui, rápido. Este lugar é maldito para todo mundo, carrascos e vítimas... Mas talvez esteja em uma crise de inspiração, Anton Pavlovitch? É por isso que teve a bondade de nos visitar? Diga-me, é fascinante conhecer todos esses criminosos, todos esses estupradores, todos esses brutos iletrados, todos esses monstros incuráveis?

TCHÉKHOV: Não, não acho que...

TIO VÂNIA: Ou então é uma história de amor? Hein? Vamos, reconheça, meu caro autor, você fugiu de um amor impossível, uma mulher inacessível, uma face pura e doce que se tornou uma tortura física para você?

TCHÉKHOV: Eu não sei...

TIO VÂNIA: Se desceu aos infernos para fugir de uma mulher, eu compreendo. Eu também estou aqui de alguma forma por causa de uma mulher... Porque não podia mais suportar ver uma alma pura definhar ao lado de um miserável velho reumático e fanfarrão... Por que está rindo, Anton Pavlovitch?

TCHÉKHOV: Estou rindo porque deixei para trás, em Moscou, uma mulher que, como disse, crê verdadeiramente que é a causa da minha decisão de mergulhar nessa monstruosidade geográfica e humana que é a Sibéria. Faz bem para ela acreditar nisso, acho eu. Aliás, um dia antes da minha partida tive mesmo o cinismo de enviar-lhe uma foto minha com a dedicatória: "À excelente criatura que me fez fugir para Sacalina". Mas duvido que seja capaz de perceber a ironia das palavras. (*Dá-lhe o cantil.*) Sirva-se, Ivan Petrovitch. Quer um pouco de tabaco?

(*Tio Vânia bebe.*)

TIO VÂNIA: Obrigado, Anton Pavlovitch. Não o esquecerei. Há forçados que, quando chegam à prisão, bruscamente encontram Deus. Eu ainda não encontrei Deus... Talvez eu não o tenha mesmo procurado... Mas contento-me, agora, em ter encontrado você. É por isso que vou lhe confessar uma coisa terrível. Sabe, Anton Pavlovitch, que tem diante de si um forçado feliz? Talvez não seja o único forçado feliz que apodrece aqui. Se isso puder nutrir sua literatura, então anote em seus cadernos. Eu matei, é verdade, matei um homem, um velho, e sou feliz por isso. Como julga minhas palavras, Anton Pavlovitch? Pensa que estou louco?

TCHÉKHOV: Não, não está louco, Ivan Petrovitch. É a máquina da alma humana que é louca. É aí que temos que buscar todas as respostas. Mas como explorar a intimidade da alma humana sem quebrar suas engrenagens? Este é o problema de todas as ciências do homem.

TIO VÂNIA: Então acredita em mim?

TCHÉKHOV: Acredito, sim. A alma humana não tem uma estrutura monolítica, ela é feita de contradições. É por isso que uma mesma pessoa pode ser tanto a expressão da própria baixeza quanto da própria grandeza. A baixeza não exclui a grandeza, o gênio não exclui a tolice, a crueldade não exclui a ternura quando se trata do homem.

TIO VÂNIA: Então você compreende, Anton Pavlovitch, que pude matar um homem sem o mínimo arrependimento na alma. Mesmo agora, depois de sete anos de prisão, estou orgulhoso, no fundo da alma, por ter feito isso. Às vezes falo com ele, com esse pobre Serebriakov, marido da minha irmã. Até porque ele adorava filosofar. "Não sei se alguém tem o direito de tirar uma vida humana, somente Deus, talvez, tenha direito de fazer isso", ele me disse. Bom, respondi; talvez só Deus tenha o direito de fazer isso, mas eu, eu tirei a sua vida mesmo assim. Como não creio em Deus, tirei sua vida, meu pobre Serebriakov, em nome da minha própria pessoa. Tirei sua vida porque sua vida de homem oco tinha envenenado a minha. Tirei sua vida, dei um fim na sua vida de enxaquecas, porque você arruinou a vida e a fortuna da minha irmã. Então ele me disse, pois ele adora filosofar: "É, mas mesmo quando alguém mata, não sei se tem o direito de ficar feliz porque matou". Então eu respondi: "E então, eu, eu tirei sua vida e sou feliz. Reconheça, eu lhe disse, que jamais pensou que eu teria a coragem de fazer isso...". Sabe como ele reagiu, quando eu disse isso?

TCHÉKHOV: Ele riu.

TIO VÂNIA: Bravo! Acertou. Como sabia?

TCHÉKHOV: Sei porque ele não é nenhum idiota.

TIO VÂNIA: Não, ele não é idiota, longe disso. (*Bruscamente, dirige-se a Serebriakov.*) Não é idiota, Serebriakov, certamente você não é um idiota. Você nos fez acreditar durante vinte anos que era um homem importante, um espírito superior, um homem que vivia em outro mundo, o mundo das ideias, da beleza, do futuro do homem. Todos nós esperamos, eu, minha irmã, minha mãe e sua filha, que um dia você dissesse: "Eis o que eu preparei para vocês... Esse espaço luminoso agora é de vocês, seu sacrifício não foi em vão, fiz algo de muito importante para a humanidade...". E em vez disso, deixou atrás de si vários milhares de artigos sobre arte que ninguém lê, que ninguém compreende, e que todos desprezam profundamente. Por isso eu disse que você já era um cadáver quando lhe tirei a vida, Serebriakov... Já estava morto há muito tempo, afogado nos artigos inúteis, na mascarada vida que pretendia dedicar às artes e à ciência. Durante vinte anos, trabalhei para você, eu e toda a minha família. Minha irmã, por quem renunciei a minha parte na herança, adorava você... Minha mãe adorava você... Sua filha Sônia, ela também, cresceu na adoração da sua pessoa... Depois minha irmã morreu, e você logo em seguida casou com uma jovem mulher, uma mulher maravilhosa, pura, sincera, que também se pôs a adorá-lo... E eu, eu continuei a trabalhar para você, administrando a propriedade que tinha sido da minha irmã e que agora era sua, e enviando dinheiro para você... para os seus pretensos estudos, para as suas pretensas pesquisas, para os seus pretensos livros... E mesmo depois da morte da minha irmã, eu ainda via em você a razão de existir, uma espécie de Salvador metafísico, de alguma forma aquele que iria justificar perante Deus e toda a humanidade a minha passagem pela terra. E um dia, o vazio que estava em você fez bum!

O vazio explodiu. No dia em que veio nos ver na província... e nos pediu para vender essa terra que tinha sugado todas as minhas energias, toda a minha juventude, todas as minhas convicções... E então, meu caro Serebriakov, matei você com duas balas no peito. Bum! Bum! E isso me aliviou. Será que tenho o direito, Anton Pavlovitch, de me sentir aliviado sendo um assassino?

TCHÉKHOV: Não sei, Ivan Petrovitch. Não sei.

TIO VÂNIA (*a Serebriakov*)**:** Será que tenho o direito, *Herr Professor*, de me sentir aliviado sendo o assassino do cadáver que você era? (*Pausa. A Tchékhov.*) Ouviu?

TCHÉKHOV: Ele não disse nada.

TIO VÂNIA: Ficou calado. Sempre que lhe faço essa pergunta, ele fica calado. E entretanto ele sabe que não o odeio. Não o matei por ódio. Ou você acha que eu o odiava, Anton Pavlovitch?

TCHÉKHOV: Não, você não o odiava. Talvez estivesse secretamente apaixonado por sua jovem mulher, mas não o odiava.

TIO VÂNIA: Bebi demais, Anton Pavlovitch. Não estou muito bem do estômago. A vodca falsificada não me faz mal, mas um bom conhaque depois de sete anos de prisão não me fez bem... Vou deixá-lo, Anton Pavlovitch. Há outros assassinos, outros homicidas esperando... querendo falar com você... Mas acredite, Anton Pavlovitch, eu não menti. Estou feliz por ter matado o homem que matou minha esperança. Meu único problema, agora, é que daqui a sete anos corro o risco de ser libertado... Ora, não é normal libertar um assassino que está sempre contente pelo que fez... Se em sete anos tiver esse mesmo sentimento de felicidade, o que farei? Peço uma prorrogação da pena? A quem devo me confessar, nesse momento? Para que serve purgar uma pena se no final você sai orgulhoso de ter cometido o crime? E eu, tenho certeza, daqui a sete anos, daqui a dez anos, daqui a vinte anos, estarei sempre aliviado, feliz por ter matado o *Herr Professor* Aleksandr Vladimirovitch Serebriakov... (*Fala novamente com Serebriakov.*) *Herr Professor*, o que fazer se daqui a sete anos ainda sentir o mesmo desejo de matar seu cadáver? O que fazer se meus quinze anos de prisão não servirem para nada? (*Sai falando com Serebriakov.*) Como aceitar que tirem minhas correntes, se nada na minha alma tiver mudado?

B

Todas as personagens da peça, com exceção de Tchékhov, estão reunidas em torno de uma enorme mesa de roleta. A atmosfera lembra a de um cassino francês na Côte d'Azur. Bobik faz o papel do Crupiê. Música discreta.

CRUPIÊ: Façam o seu jogo. Senhoras, senhores, façam o seu jogo. Jogo encerrado! Jogo encerrado!

(*Ouve-se, muito alto, o som da bolinha rolando, rolando, em um suspense total. Ranievskaia não ousa olhar para a roleta, cobrindo os olhos com as mãos.)*

RANIEVSKAIA (*em um estado de transe, como se dissesse uma oração*): Gricha... Griiiicha... (*Sempre com o rosto coberto com as mãos, escutando o barulho da bolinha que ainda roda durante longos segundos e que, afinal, para.*) Gricha, perdoe-me, Gricha...

(*O Crupiê recolhe as fichas e distribui os ganhos. Ranievskaia não ganhou nada. Sempre de pijama, Tchékhov entra como um fantasma, aproxima-se de Ranievskaia, instala-se ao seu lado na mesa de jogo. Tem também algumas fichas na mão; põe-nas para o próximo jogo.*)

CRUPIÊ: Façam o seu jogo. Senhoras, senhores, façam o seu jogo.

(*As personagens põem suas fichas sobre o pano verde. Ranievskaia hesita, olha em torno, vê Tchékhov.*)

RANIEVSKAIA: Anton Pavlovitch! É você? Anton Pavlovitch, que surpresa! Oh, meu bom Deus, estou salva! Oh, Anton Pavlovitch, se soubesse como estou feliz em vê-lo aqui. Aliás eu sabia, eu sabia que viria... Quando chegou?

TCHÉKHOV: Ontem...

RANIEVSKAIA: Oh, Anton Pavlovitch! Todo mundo fala de você por aqui. Quando encontro um russo, ele fala de você. Está hospedado em que hotel? Vai ficar quanto tempo? Venha um dia até nossa casa... É absolutamente necessário que venha até nossa casa em Menton. Sabia que tenho uma mansão em Menton? E a Rússia? O que está acontecendo na

Rússia? Conte-me as novidades, Anton Pavlovitch, quero saber as novas de Moscou. O que está acontecendo com a Rússia? Logo fará três anos que não vou à Rússia. Dizem que em nossa terra há fome, que os mujiques morrem como moscas por causa da fome. É verdade, há fome em nossa terra? Como é possível que um país tão grande quanto o nosso, que se estende quase até o infinito, não possa mais nos alimentar, Anton Pavlovitch? Como é possível? Ouvi que a frota francesa partiu para nos visitar em Kronstadt. Alguns dizem que haverá outra guerra. Outros dizem que haverá uma revolução. Onde, somente o bom Deus o sabe... Posso oferecer-lhe uma taça de champanhe, Anton Pavlovitch?

TCHÉKHOV (*olha em torno, vê um garçom e chama-o*): Garçom!

(*O garçom chega com duas taças de champanhe.*)

CRUPIÊ: Jogo encerrado! Jogo encerrado!

(*A bolinha gira muito tempo, o ruído que faz é cada vez mais estranho, a espera parece interminável. Fascinadas, todas as personagens olham a roleta, Ranievskaia é a única que cobre os olhos com as mãos.*)

RANIEVSKAIA: Meu Deus, não tenho nem coragem de olhar... Tenho coragem de jogar, mas não tenho coragem de olhar... Tenho a impressão de que se olhar vou enlouquecer. Tenho a impressão de que se olhar vou desmoronar, morta de angústia. E faz tanto calor aqui... Estou arruinada, Anton Pavlovitch. Aliás eu vendi a mansão em Menton para pagar minhas dívidas... Não tenho mais nada, vendi tudo o que tinha na Rússia, o cerejal, tudo, tudo, tudo... Não tenho mais um lugar para onde voltar. Arruinei-me por causa de um homem que não deixo de amar, Anton Pavlovitch. Um homem que amo como uma louca, sim... Foi por ele que perdi tudo, que me hipotequei, que me endividei... (*Para a bolinha.*) Perdi ou ganhei?

TCHÉKHOV: Perdeu.

(*Uma estranha cerimônia acontece em volta da mesa da roleta. Dir-se-ia que, cada vez que a bolinha para, uma personagem desaparece da mesa, sugada pelo nada. Ao final da cena, só restam em torno da mesa o Crupiê, Tchékhov e Ranievskaia. O Crupiê distribui os ganhos.*)

CRUPIÊ: Façam o seu jogo. Senhoras, senhores, façam o seu jogo.

RANIEVSKAIA: Quando tempo passou na Itália, Anton Pavlovitch? Ouvi dizer que também passou por Veneza, onde encontrou Marejovski. Eu não gosto do jeito que ele escreve, esse Marejovski... Veja, perco o tempo todo, Anton Pavlovitch. Por quê? Por quê?

TCHÉKHOV: Não sei, Liubov Andreievna.

RANIEVSKAIA: Não tenho sorte, Anton Pavlovitch. Dizem que se você tem sorte no amor, não tem sorte na roleta. Mas eu não tenho sorte no amor! Não tenho sorte com os homens, Anton Pavlovitch. Meu primeiro esposo tinha uma única paixão, o champanhe. Foi tudo o que ele amou, beber champanhe, e bebeu champanhe até que o champanhe o matou. Essa foi a sorte que tive com meu primeiro esposo... Ou talvez se possa dizer que foi uma grande sorte para mim ele ter morrido...

CRUPIÊ: Jogo encerrado! Jogo encerrado!

(*Ranievskaia cobre os olhos, apoia-se no peito de Tchékhov. Barulho interminável da bolinha que roda.*)

RANIEVSKAIA: Veja, não há sorte para mim, Anton Pavlovitch. Não tive sorte, nem na Rússia, nem aqui. Mas ainda assim prefiro não ter sorte aqui do que na Rússia. Aliás, nem tenho algum lugar para onde possa voltar. Já faz três anos que não ponho os pés na Rússia. Sinto falta da neve, Anton Pavlovitch. Aqui, em Nice, nunca cai neve... Os invernos passam, mas não há neve... E por causa disso nem me dou conta de que o tempo passa... Anton Pavlovitch, leve-me com você para a Rússia... (*Para a bolinha.*) O que é? Par? Ímpar? Perdi, não é?

TCHÉKHOV: É.

(*Uma outra personagem desaparece da mesa.*)

CRUPIÊ: Façam o seu jogo! Senhoras, senhores, façam o seu jogo!

(*Os jogadores colocam suas fichas.*)

RANIEVSKAIA: Se Gricha não tivesse se afogado, não teria saído de lá. Se meu anjo não tivesse se afogado, tudo seria diferente. Teria vivido de outra maneira. Teria ficado na Rússia. Teria cuidado dele... Teria ficado com ele em Moscou para que fizesse uma universidade... Acredita mesmo que haverá uma revolução na Rússia, Anton Pavlovitch?

TCHÉKHOV: Não sei, Liubov Andreievna. Todos os nossos revolucionários estão ou na Sibéria, ou no exílio.

Fazer a revolução com quem? Só seria uma verdadeira revolução se cada homem apenas tentasse tornar-se melhor... Se a cada dia levantasse dizendo: "Hoje serei bom durante uma hora, vou olhar durante uma hora direto nos olhos das pessoas e vou pensar nos outros durante uma hora"...

CRUPIÊ: Façam o seu jogo. Jogo encerrado! Jogo encerrado!

(*A roleta retoma seu movimento infernal. Ranievskaia cobre os olhos com as mãos.*)

RANIEVSKAIA: São meus últimos centavos, Anton Pavlovitch. Perco sem parar há uma semana. Ania e Varia não têm mais nada. Toda a parte delas na herança está hipotecada, perdida... Acho que vou enlouquecer, Anton Pavlovitch. Amo um homem que atualmente está doente. Eu o trouxe comigo para Nice, para cuidar dele. Já faz três anos que está doente e eu cuidando dele, há três anos só faço tentar arranjar dinheiro, dinheiro, dinheiro, e me endividar... Todo mundo me evita aqui, todos os russos que encontro têm medo de que lhes peça dinheiro... (*A bolinha para.*) Perdi, não é? Perdi... O tempo todo acho que a sorte vai mudar. Depois de um longo, longo sofrimento, seria normal que a sorte mudasse... E a sorte não muda nunca. Nunca, nunca, nunca. Perdi, não é?

TCHÉKHOV: É.

(*Uma personagem desaparece. O Crupiê distribui os ganhos.*)

CRUPIÊ: Façam o seu jogo. Senhoras, senhores, façam o seu jogo.

RANIEVSKAIA: Não tenho mais nada. Perdi tudo. Tudo, tudo, tudo. Como vou jogar agora? Talvez se eu arrancasse o coração e o colocasse na mesa da roleta, na cor vermelha ou no número ímpar. O que eu faço agora, Anton Pavlovitch? Apostar minha alma, apostar meus olhos, apostar meu filho morto, apostar Gricha que perdeu a vida no fundo de um lago? Por que Deus me castigou a esse ponto, Anton Pavlovitch? Por que tive a coragem de amar outro homem, enquanto meu marido esvaziava garrafas de champanhe uma em cima da outra? Por que tive a coragem de partir com um outro homem e abandonar toda a minha família, todos os meus filhos, até o pequeno Gricha, meu anjinho que só tinha sete anos? Ah, meu Gricha... Foi por isso que Deus te levou, para me castigar... É, fugi com um outro homem, fugi com ele para Paris para ser feliz... E fui mesmo feliz... Mas não sei por quanto tempo, um dia, uma semana, um mês... (*Chora, enxuga as lágrimas.*) Depois, tem esse telegrama que chegou... (*Tira um pedaço de papel e lê.*) Gricha afogou-se no lago... Ponto... Em uma bela tarde de verão... Ponto... (*Coloca o telegrama sobre a mesa de jogo como se o telegrama fosse uma ficha.*) Meu Gricha pagou por mim... Que mulher poderia suportar tudo isso?

(*Tchékhov coloca também uma ficha sobre a mesa.*)

CRUPIÊ: Jogo encerrado! Jogo encerrado!

RANIEVSKAIA: Obrigado por ser tão bom comigo, Anton Pavlovitch. Se não houvesse toda essa gente aqui, beijaria sua mão... (*Coloca o telegrama em um número, espera um pouco, muda de ideia, coloca--o em outro lugar.*) Ouvi dizer que publicou uma de suas novelas na França... Por que todos acreditam em milagres, Anton Pavlovitch? Por quê? Por quê? Por que fomos feitos assim? Por que o homem acredita sempre em milagres? Por que, a vida inteira, acreditamos que fomos feitos para ver um milagre, e então esperamos o milagre, e acreditamos até o último momento no milagre e ele nunca acontece, o milagre, não acontece jamais...

TCHÉKHOV: Não sei, Liubov Andreievna. Eu também penso nisso há muitos anos, mas não sei o que dizer...

CRUPIÊ: Jogo encerrado!

(*A bolinha roda, roda, roda. As personagens que ainda estão em torno da mesa desaparecem uma depois da outra. Tchékhov espera um bom tempo que a bolinha pare, mas por fim olha o relógio e sai também. Ranievskaia fica sozinha esperando que pare a bolinha. Bobik, o Crupiê, acende um cigarro, espera ainda um pouco, em seguida sai. Totalmente absorvida pelo movimento da bolinha, Ranievskaia parece não ter notado a saída de todo mundo. Continua esperando que a bolinha pare. Na sala de jogos surge, como um fantasma, Gricha, o menino morto. Parece ter saído diretamente do fundo do lago, pois está todo molhado, cheio de lama, com folhas e algas coladas ao rosto. Enquanto a bolinha continua a rodar, o menino aproxima-se da mãe. Avança com doçura, para a uma certa distância de Ranievskaia.*)

GRICHA: Mamãe...

(*Ranievskaia não o vê, continua esperando a bolinha parar. Gricha dá mais alguns passos.*)

Mamãããe...

(*Ranievskaia sobressalta-se, olha em torno, vê seu filho, mas não parece surpreender-se. Gricha pega na mão de sua mãe e faz com que ela o siga.*)

Venha, mamãe... Venha...

(*Ranievskaia segue Gricha. Mas, antes de sair definitivamente, lança ainda um olhar para a mesa da roleta, para ver ser a bolinha ainda não parou.*)

NOTA DO AUTOR

Por que uma peça sobre Tchékhov, com Tchékhov como personagem?

Porque Tchékhov é um autor incontornável para todos os atores de teatro moderno. Porque estou convencido de que Tchékhov é o precursor do teatro do absurdo. Antes da espera beckettiana, há a espera das três irmãs que jamais partem para Moscou... Uma personagem secundária como o andarilho em *O Jardim das Cerejeiras* anuncia o vagabundo metafísico de Estragon e de Vladimir...

Tchékhov foi o primeiro a dinamitar a linguagem teatral do século XIX. Tchékhov não é somente o teatro de atmosfera, o teatro fim de século (que século? O XIX, o XX?), mas também o teatro polifônico em que as personagens aparentam conversar mas, na verdade, não conversam, uma vez que não se escutam. Com muita frequência, em Tchékhov, o tema é a impossibilidade da comunicação: as personagens evoluem através de uma lógica de monólogos paralelos...

Por que *A Máquina Tchékhov*?

Porque seu teatro é uma máquina a triturar destinos. Proponho um olhar sobre essa máquina mesma, uma modesta visita guiada pelas entranhas da besta para ver como funciona, porque não para jamais, porque suas vítimas raramente protestam, porque o próprio Tchékhov deixou que ela o devorasse.

Proponho também um diálogo com Tchékhov, uma forma de entrar em contato com suas técnicas de escritor... Quando se entra na *Máquina Tchékhov*, pode-se "comunicar" quase diretamente com Tchékhov, pois é ele a personagem principal.

Necessariamente, minha peça gira em torno do homem Tchékhov e da morte, porque o teatro de Tchékhov é também uma rica e sutil reflexão sobre a morte. Tchékhov abrigou em sua carne e em sua alma, durante toda a vida, duas personagens que travaram uma batalha atroz: o doente e o médico. Esta é a situação dramática que me propus explorar, esta a tensão que me ajudou a construir o conjunto.

Uma peça em que Tchékhov encontra algumas de suas personagens. Uma peça em que as personagens do mundo de Tchékhov, vindas de peças diferentes, encontram-se e conversam. Todas as personagens de Tchékhov pertencem, aliás, à mesma família de gente desafortunada, rodam todas montadas em cavalos de pau no mesmo carrossel de destinos quebrados.

A *Máquina Tchékhov* é, ao mesmo tempo, uma homenagem a um autor que me marcou tanto quanto o teatro do absurdo e do grotesco, e um esforço quase desesperado do autor Visniec de compreender algo do mistério da escrita.

Matéi Visniec

BIBLIOGRAFIA E EXPLICAÇÃO

Esta peça sobre Tchékhov nutre-se, forçosamente, do mundo de Tchékhov, de seu espírito e das ideias que colhi em sua obra e em suas cartas. Na terceira cena, por exemplo, a "lição de escrita" dada por Tchékhov a Treplev foi quase inteiramente construída com as reflexões de Tchékhov sobre a literatura, que encontrei principalmente nas suas cartas. Preferi não colocar o texto entre aspas, mas as palavras de Tchékhov devem ser lidas como uma citação. O procedimento se repete quase toda vez que Tchékhov fala de si mesmo (como na décima cena em que narra seu "trajeto" de enfermo, ou quando ele evoca suas relações com as mulheres).

Evitei, em geral, quando fazia as personagens tchekhovianas falarem, retomar "palavra por palavra" as falas de Tchékhov, pois me interessava "prolongar" a vida e as reflexões de certas personagens. Entretanto, personagens como Firs (cena 5) ou as três irmãs (cena 8) forçosamente fazem ressurgir suas obsessões (o monólogo sobre a inevitável infelicidade, de Firs; a partida para Moscou sempre adiada no caso das três irmãs, etc.).

Esta peça nutre-se também de algumas biografias e trabalhos críticos sobre Tchékhov. Foram de grande ajuda notadamente a biografia *Tchékhov*, de Henri Troyat

(Flammarion, 1984), *Notre Théâtre, La Cerisaie*, de Georges Banu (Actes Sud, 1999), e o número 16 do ano 1980 da revista *SILEX*, número inteiramente dedicado a Tchékhov.

A fim de dissipar qualquer mal-entendido sobre o grau de originalidade da minha peça, eu diria que é uma obra de ficção em que Tchékhov é citado sem aspas abundantemente, em que a abordagem biográfica alia-se ao desejo de propor um jogo literário que possa iluminar ainda mais o gênio do grande autor russo.

ALGUMAS INFORMAÇÕES SOBRE AS PERSONAGENS

ANTON PAVLOVITCH TCHÉKHOV: autor e médico russo, nasceu em 1860, morreu de tuberculose pulmonar em 1904; sua última peça escrita: *O Jardim das Cerejeiras*.

ANFISSA: velha criada, oitenta anos, personagem de *As Três Irmãs*; é continuamente perseguida por Natália Ivanovna, a mãe de Bobik.

O ANDARILHO: personagem de *O Jardim das Cerejeiras*; no segundo ato, aparece quando a senhora Ranievskaia e alguns de sua casa admiram o pôr do sol, e pergunta qual o caminho para a gare; em seguida, sempre com expressões delicadas e cuidadosas, pede "trinta copeques" para um "russiano faminto".

FIRS: personagem de *O Jardim das Cerejeiras*, é o criado que já serviu a várias gerações de senhores na família Ranievskaia; no final da peça, é esquecido no casarão vazio pela família que vai passar o inverno na cidade.

ERMOLAI ALEKSEIEVITCH LOPAKHIN: personagem de *O Jardim das Cerejeiras*; rico comerciante, é o comprador do jardim das cerejeiras da senhora Ranievskaia; estabelece relações ambíguas com ela: "Meu pai era servo de seu avô e de seu pai; mas a senhora tem feito tanto por mim que esqueci tudo isso; amo-a como alguém próximo, muito próximo...". Em suas cartas, Tchékhov explica: "Não é um comerciante no sentido vulgar do termo... É sem dúvida um comerciante, mas também é, em todos os sentidos, um homem de verdade".

LIUBOV ANDREIEVNA RANIEVSKAIA: personagem de *O Jardim das Cerejeiras*, mãe de Gricha, que morre afogado, a mulher que perde tudo em nome do amor (sua fortuna, seu filho). Um destino despedaçado, trágico. Vive em um mundo paralelo e prefere cair do que despertar.

IVAN PETROVITCH VOINITSKI (TIO VÂNIA): personagem de *Tio Vânia*, o homem que crê cegamente no grande destino do cunhado, o professor Aleksandr Vladimirovitch Serebriakov, pretenso crítico de arte. Quando acontece seu doloroso despertar, após ter desperdiçado a própria vida, Tio Vânia comete o louco gesto de dar dois tiros em Serebriakov, mas erra.

IRINA NIKOLAIEVNA ARKADINA: personagem de *A Gaivota*, mãe de Treplev, grande atriz em fim de carreira. Seu relacionamento com o filho é ambíguo; ele se torna o insuportável espelho do envelhecimento de Arkadina.

KONSTANTIN GAVRILOVITCH TREPLEV: jovem homem, personagem na mesma peça; tentara o suicídio e repete a tentativa no final da peça; "Eu sofro por minha mãe ser uma atriz célebre, acho que se ela fosse uma mulher comum, eu seria mais feliz".

NICOLAI LVOVITCH TUZENBACH: personagem de *As Três Irmãs*; tenente e também barão; espírito romântico, é apaixonado por Irina; Solioni zomba frequentemente de suas tiradas filosóficas sobre o futuro da humanidade, a necessidade de trabalhar, etc.; pede, aliás, sua demissão do exército para começar enfim "a trabalhar"; no final da peça, Irina recebe a notícia de que Tuzenbach foi morto em um duelo com Solioni.

VASSILI VASSILIEVITCH SOLIONI: personagem de *As Três Irmãs*; capitão do Estado-Maior, também é loucamente apaixonado por Irina; fala relativamente pouco, de hábito para zombar de Tuzenbach; suas frases costumam desconcertar os outros; cria frequentemente certo embaraço entre os convidados das três irmãs; diz, a propósito de Bobik, filho de Natacha e Andrei: "Se esse menino fosse meu, eu o fritaria numa frigideira e o comeria".

ANA PETROVNA (SARA): personagem em *Ivanov*, mulher de Ivanov; acaba morrendo de tuberculose pulmonar; seu fim é precipitado pelo comportamento de Ivanov, que não a ama mais e não consegue ocultar-lhe este fato.

EVGUENI KONSTANTINOVITCH LVOV: "Jovem médico de Zemstvo", personagem em *Ivanov*; é devotado a seu ofício e limitado quando se trata de psicologia humana; de certa maneira assume o papel de Grande Inquisidor em relação a Ivanov ("Nikolai Alekseievitch Ivanov, digo-lhe diante de todos: você é um covarde!"); está pronto a duelar com Ivanov, que considera responsável pela morte de sua própria mulher, Ana Petrovna (Sara); na primeira parte da peça, Lvov quer cuidar de Ana Petrovna, mas também quer abrir seus olhos para o "maldito caráter" de seu esposo; compreendemos que está secretamente apaixonado por essa mulher condenada a morrer de tuberculose.

IVAN ROMANOVITCH TCHEBUTIKIN: personagem de *As Três Irmãs*; sessenta anos, é o médico que esqueceu tudo de sua profissão e o homem que desperdiçou tudo na vida; "Na verdade, nunca fiz nada. Desde que deixei a universidade, não movi um dedo; não li sequer um livro; somente li os jornais..."; diz ter amado até a loucura a mãe das três irmãs.

MIKHAIL LVOVITCH ASTROV: personagem de *Tio Vânia*; médico muito ativo, confiante no progresso; "Da manhã à noite, sempre de pé. Não conheço repouso..."; "Sento-me, fecho os olhos e penso naqueles que viverão cem anos, duzentos anos depois de nós, e para quem preparamos hoje o caminho...".

OLGA, MACHA, IRINA: personagens de *As Três Irmãs*; seu sonho, jamais realizado, é abandonar a pequena vila de província que corrói lentamente sua juventude a fim de instalar-se em Moscou, onde esperam enfim "viver".

BOBIK: personagem de *As Três Irmãs*; filho de Natália Ivanovna, cunhada das três irmãs; o nascimento de Bobik perturba os hábitos do casarão da família; Bobik torna-se o instrumento da tomada de poder por Natália Ivanovna na casa dos Prozorov.

DADOS INTERNACIONAIS DE CATALOGAÇÃO NA PUBLICAÇÃO (CIP)
(CÂMARA BRASILEIRA DO LIVRO, SP, BRASIL)

Visniec, Matéi
 A máquina Tchékhov / Matéi Visniec; tradução Roberto
Mallet. – São Paulo: É Realizações, 2012. –
(Biblioteca teatral. Coleção dramaturgia)

 Título original: La machine Tchekhov.
 ISBN 978-85-8033-103-5

 1. Teatro francês (Escritores romenos) I. Título. II. Série.

12-09512   CDD-842

ÍNDICES PARA CATÁLOGO SISTEMÁTICO:
1. Teatro : Literatura francesa   842

Este livro foi impresso pela Gráfica Vida & Consciência para É Realizações, em julho de 2012. Os tipos usados são da família Sabon LT Std e Helvética Neue. O papel do miolo é alta alvura 90g, e o da capa, cartão supremo 250g.